"十四五"职业教育国家规划教材

"十三五"职业教育国家规划教材
"十三五"职业教育新能源汽车专业"互联网 +"创新教材

电动汽车检查与维护

U0737926

主　编　景平利　　敖东光　　薛　菲
副主编　邢　超　　陈荣梅　　宫英伟
参　编　李倩龙　　孙凯燕　　郑　李　　张　娜
主　审　王瑞平　　乔世众

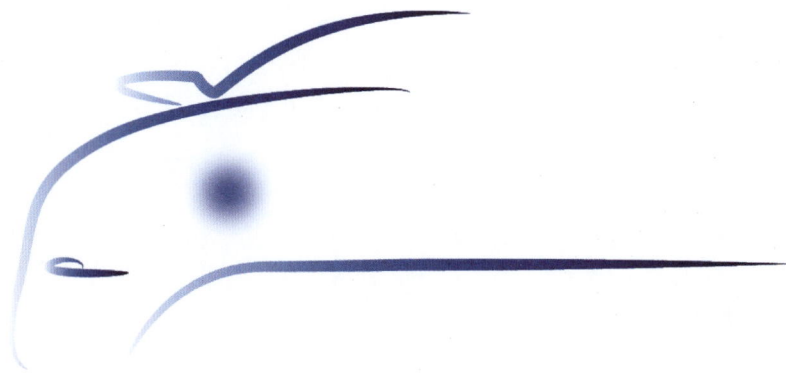

机械工业出版社

本书是"十四五"职业教育国家规划教材。

为了适应新时期职业教育人才培养的需要，以及科学技术发展的新趋势和新特点，我们组织教师和企业人员成立了课程研发小组，用"互联网+汽车专业"思维创新模式，编写了这套"十三五"职业教育新能源汽车专业"互联网+"创新教材，包括《走进新能源汽车》《电动汽车检查与维护》《电动汽车结构原理与检修》《电动汽车总装技术》以及相应的工作页。

本书共分为 8 个学习情境，29 个学习任务，重点介绍了新能源汽车售后服务中心、电动汽车高压部件的检查与维护（包括准备工作、动力电池、驱动电机、高压辅助器件、空调系统）、电动汽车辅助系统的检查与维护以及电动汽车检查与维护项目编排，高度提炼了核心知识与技能并紧贴生产实际，重在应用。本书融合了大量的漫画与图片，并整合移动多媒体技术，在学习资料文本附近设置二维码，使用者用装有摄像机的手机进行扫描，链接访问网址，便可在手机屏幕上显示和教学材料相关的多媒体内容，可以方便读者理解相关知识，以便深入地学习。

本书可作为职业院校新能源汽车、汽车维修等相关专业的教学用书，也可作为汽车企业内部培训资料，还可作为汽车生产技术人员和 4S 店工作人员的参考书。

图书在版编目（CIP）数据

电动汽车检查与维护/景平利，敖东光，薛菲主编 .—北京：机械工业出版社，2017.4（2025.1 重印）

"十三五"职业教育新能源汽车专业"互联网+"创新教材

ISBN 978-7-111-56599-4

Ⅰ.①电…　Ⅱ.①景…②敖…③薛…　Ⅲ.①电动汽车–检查–高等职业教育–教材②电动汽车–维修–高等职业教育–教材

Ⅳ.①U469.72

中国版本图书馆 CIP 数据核字（2017）第 078404 号

机械工业出版社（北京市百万庄大街 22 号　邮政编码 100037）

策划编辑：曹新宇　责任编辑：曹新宇　张丹丹

责任校对：张　薇　封面设计：马精明

责任印制：邓　博

北京盛通印刷股份有限公司印刷

2025 年 1 月第 1 版第 16 次印刷

210mm×285mm·12.75 印张·287 千字

标准书号：ISBN 978-7-111-56599-4

定价：49.80 元

电话服务　　　　　　　　网络服务

客服电话：010-88361066　　机　工　官　网：www.cmpbook.com

　　　　　010-88379833　　机　工　官　博：weibo.com/cmp1952

　　　　　010-68326294　　金　书　网：www.golden-book.com

封底无防伪标均为盗版　机工教育服务网：www.cmpedu.com

关于"十四五"职业教育
国家规划教材的出版说明

为贯彻落实《中共中央关于认真学习宣传贯彻党的二十大精神的决定》《习近平新时代中国特色社会主义思想进课程教材指南》《职业院校教材管理办法》等文件精神，机械工业出版社与教材编写团队一道，认真执行思政内容进教材、进课堂、进头脑要求，尊重教育规律，遵循学科特点，对教材内容进行了更新，着力落实以下要求：

1. 提升教材铸魂育人功能，培育、践行社会主义核心价值观，教育引导学生树立共产主义远大理想和中国特色社会主义共同理想，坚定"四个自信"，厚植爱国主义情怀，把爱国情、强国志、报国行自觉融入建设社会主义现代化强国、实现中华民族伟大复兴的奋斗之中。同时，弘扬中华优秀传统文化，深入开展宪法法治教育。

2. 注重科学思维方法训练和科学伦理教育，培养学生探索未知、追求真理、勇攀科学高峰的责任感和使命感；强化学生工程伦理教育，培养学生精益求精的大国工匠精神，激发学生科技报国的家国情怀和使命担当。加快构建中国特色哲学社会科学学科体系、学术体系、话语体系。帮助学生了解相关专业和行业领域的国家战略、法律法规和相关政策，引导学生深入社会实践、关注现实问题，培育学生经世济民、诚信服务、德法兼修的职业素养。

3. 教育引导学生深刻理解并自觉实践各行业的职业精神、职业规范，增强职业责任感，培养遵纪守法、爱岗敬业、无私奉献、诚实守信、公道办事、开拓创新的职业品格和行为习惯。

在此基础上，及时更新教材知识内容，体现产业发展的新技术、新工艺、新规范、新标准。加强教材数字化建设，丰富配套资源，形成可听、可视、可练、可互动的融媒体教材。

教材建设需要各方的共同努力，也欢迎相关教材使用院校的师生及时反馈意见和建议，我们将认真组织力量进行研究，在后续重印及再版时吸纳改进，不断推动高质量教材出版。

机械工业出版社

前 言

Preface

随着我国汽车保有量的逐年增加，汽车与能源、汽车与交通、汽车与环保、汽车与城市化等问题也日益突出，发展新能源汽车已刻不容缓。自从新世纪初的"十五""863"计划电动汽车重大专项主要政策开始，到 2009 年制定《新能源汽车生产企业及产品准入管理规则》，新能源汽车越来越受到国家、企业的重点关注；同时，发展新能源汽车还承载着我国"弯道超车"的梦想，因此研发高效能、高环保的新能源汽车已成为我国汽车工业发展的重要主题。

目前，我国自主品牌的新能源汽车在全球市场高歌猛进，很多自主品牌，如北汽新能源、比亚迪等已经取得很优秀的成绩。尤其是近年来在政府的支持下，个人购买电动汽车的数量急剧增加，新能源汽车行业前、后市场对技能人才的需求量不断增多。为此，我们组织教师和企业人员成立了课程研发小组，主要结合企业岗位的实际需求，广泛参考借鉴了国内外新能源汽车方面的研究成果，形成以模块式课程为载体、以工作过程为主线、以任务驱动教学为主要形式的专业课程开发思路，编写了本系列教材，包括《走进新能源汽车》《电动汽车检查与维护》《电动汽车结构原理与检修》《电动汽车总装技术》以及相应的工作页。

本书始终坚持正确的政治方向，以国家和社会的需求为导向，以专业人才培养目标为依据，以所在专业能力结构为主线。贯彻落实党的二十大精神，以全力打造精品教材为出发点，以每一个学习情境、每一个学习任务、每一幅插图为落脚点，全面落实立德树人的根本任务，发挥铸魂育人实效。

本书是该系列教材中的一本，采用学习情境模式导入，设定的情境多来源于企业一线并配合教学一线的教学经验，内容选取以目前市场上的主流电动汽车北汽的车型为参考，结合其他品牌的电动车型，以电动汽车的主流技术及其维护方法为出发点，按照汽车维修职业岗位应掌握的技能和知识进行学习领域的课程教学，对电动汽车的维护知识进行全方位的覆盖，具有很好的教学效果。按照新能源汽车人才培养目标及精品课程建设要求，参考国家职业资格标准，我们邀请企业、行业和一些院校专家对新能源汽车后市场人才需求进行多次研讨，结合长期一线教学工作经验制订了本书的设计思路。

本书共分为 8 个学习情境，29 个学习任务，重点介绍了新能源汽车售后服务中心、电动汽车高压部件的检查与维护（包含准备工作、动力电池、驱动电机、高压辅助器件、空调系统）、电动汽车辅助系统的检查与维护以及电动汽车检查与维护项目编排，高度提炼了核心知识与技能并紧贴生产实际，重在应用。

本书采用了"互联网+汽车专业"思维创新模式，融合了大量的漫画与图片，并整合了移动多媒体技术，在学习资料文本附近设置二维码，使用者用装有摄像机的手机进行扫描，链接访问网址，便可在手机屏幕上显示和教学材料相关的多媒体内容，生动活泼、图文并茂、形象生动，便于阅读和学习者理解，提升读者对新能源汽车的兴趣，为进一步深入学习新能源汽车的相关技能打下良好基础。

本书由北京汽车技师学院组织编写，由王瑞平、乔世众主审。本书由景平利、敖东光和薛菲担任主编，邢超、陈荣梅、宫英伟担任副主编，参与编写的还有李倩龙、孙凯燕、郑李、张娜。

通过本书的学习，学员不仅能够对新能源汽车售后服务和电动汽车构造有较深入的了解，还能掌握电动汽车高压部件、低压附件的检查与维护内容，为以后的电动汽车维护工作和技术管理打下良好的基础。

限于编者水平和经验，书中难免存在缺点和漏洞，恳请广大读者批评指正。

编　者

目 录　　　　　　　　　　　　*Contents*

新能源汽车售后服务中心

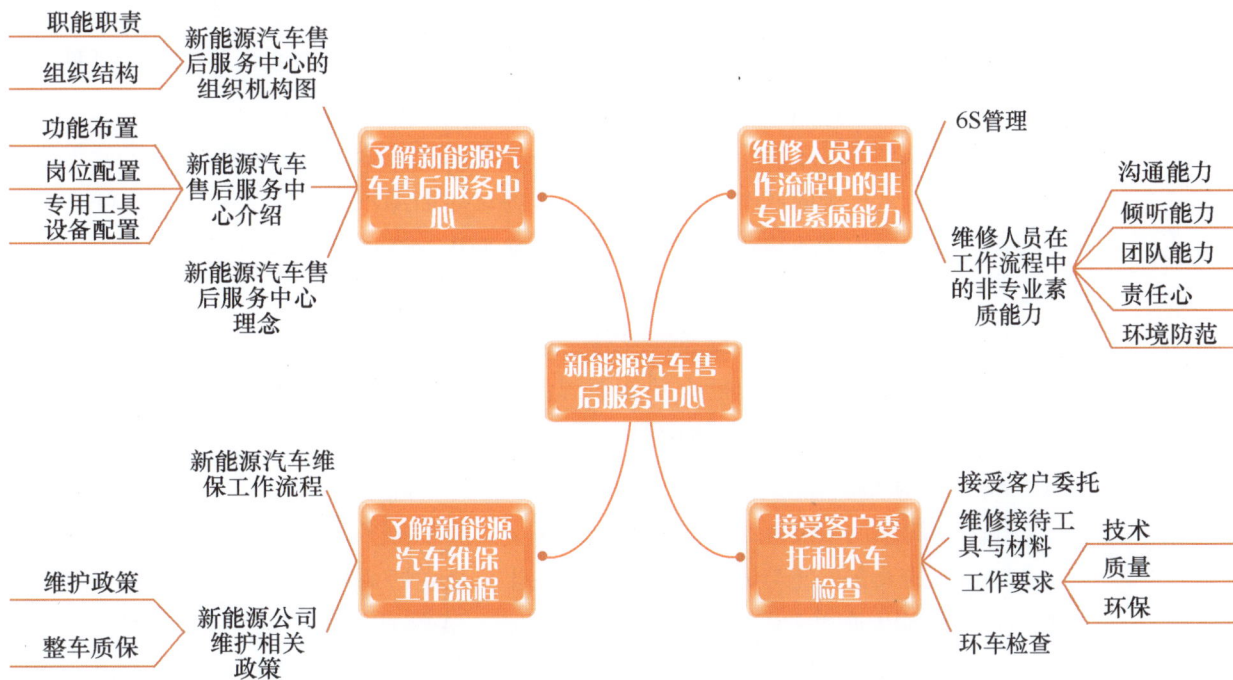

职能职责 ── 新能源汽车售后服务中心的组织机构图

组织结构 ──

功能布置 ── 新能源汽车售后服务中心介绍

岗位配置 ──

专用工具设备配置 ──

新能源汽车售后服务中心理念

了解新能源汽车售后服务中心

新能源汽车售后服务中心

6S管理 ── **维修人员在工作流程中的非专业素质能力**

维修人员在工作流程中的非专业素质能力 ── 沟通能力

├ 倾听能力

├ 团队能力

├ 责任心

└ 环境防范

新能源汽车维保工作流程 ── **了解新能源汽车维保工作流程**

维护政策 ── 新能源公司维护相关政策

整车质保 ──

接受客户委托和环车检查

接受客户委托

维修接待工具与材料 ── 技术

工作要求 ── 质量

├ 环保

环车检查

学习任务1 了解新能源汽车售后服务中心

【学习目标】

1. 了解新能源汽车售后服务中心组织机构。
2. 了解新能源汽车售后服务中心功能布置和岗位布置。
3. 了解新能源汽车售后服务中心专用工具设备配置。
4. 了解新能源汽车售后服务中心售后服务理念。

传统汽车售后服务的出现，是市场竞争的必然结果。汽车产品发展到一定程度，制造技术已经相差无几，这也是汽车市场从产品制造转向注重服务的主要原因。将售后服务做好做细可以提升客户的满意度，否则会对品牌形象造成负面影响。可见，汽车售后服务在整个营销过程中负担着维护企业及品牌良好形象的使命。

新能源汽车产品还处于新生阶段，很多性能需要完善。此阶段的售后服务是保障新能源汽车正常行驶的基本手段，也是让市场对新能源汽车及企业有一个良好认识的重要途径。所以相比传统汽车的售后服务，新能源汽车的售后服务更为重要，任务也更加艰巨。

售后服务是新能源汽车流通领域的一个非常重要环节，也是一项非常复杂的工程，它包含了新能源汽车销售以后有关新能源汽车的索赔、治疗保障、新能源汽车零部件供应、维修维护服务、技术咨询指导、市场信息反馈、维修技术培训等与产业和市场有关的一系列内容。

作为新能源汽车销售经营的重要组成部分：售后服务不仅是一种经营，更是体现企业对客户的人文关怀与情感，是理念、文化，是生产商与客户联系、沟通的一个纽带。生产商可以通过它与客户的关系更加紧密，提高产品的信誉，树立企业的形象，培养客户的忠诚度，扩大产品的影响，它就像一把双刃剑，既可以对市场推广产品销售、品牌信誉及影响起到促进作用和有力的支持，却也可以使品牌信誉下降、产品滞销，甚至可以使品牌的威信扫地。现阶段的新能源汽车售后服务主要包括以下几个部分：故障救援、维修维护、信息反馈、技术咨询、保修、服务质量跟踪、纠纷处理等。

随着新能源汽车快速进入市场，应尽快建立适用于新能源汽车售后服务业的统一服务标准和行业规范，以维护新能源汽车消费者的权益。新能源汽车的售后服务和传统燃油车的售后服务相比，有着丰富的内涵。售后服务工作不仅是修车换零件，而且是为客户提供新能源汽车咨询服务和相关技术培训，并实现配件供应维修、维护的一条龙服务。

一、新能源汽车售后服务中心的组织机构图

图 1-1 所示为新能源汽车销售服务中心的组织机构。

笔记

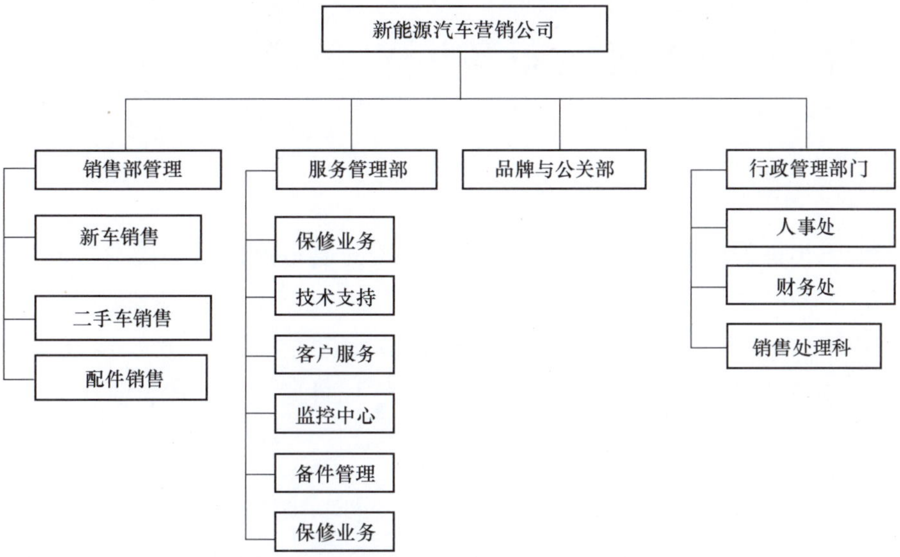

图 1-1　新能源汽车销售服务中心的组织机构

根据新能源汽车售后服务中心不同科室所涉及的业务领域，其职能见表 1-1。

表 1-1　业务领域

业 务 领 域	职 能 职 责
营销公司	统筹售后服务部的各项工作
客户服务	客户关系维护 车辆档案管理 抱怨闭环管理 关键客户维护 服务活动实施 监控平台运维 客服热线管理 满意度调研
技术支持	技术文件的编写及内部培训工作 示范运行车辆维护及现场事故处理，现场解答用户问题及信息反馈，召回车辆的归口管理 与产品工程院对接，对返厂维修的车辆进行全程监控，汇总报至监控中心建档
监控中心	监控平台及数据的管理，示范运行车辆周报及月报的编制及报批 客服电话接听及回访，车辆维修及保养提醒
备件管理科	服务采购、销售 备件技术和物流管理

（续）

业务领域	职能职责
保修业务	保修业务流程制订和执行 保修返回键管理 保修费用追索和分摊管理 保修业务审批

二、新能源汽车售后服务中心介绍

1. 功能布置

新能源汽车售后服务中心如图 1-2 所示，其场地布置按照功能分为业务接待区（见图 1-3）、客户休息区、培训会议室、维修车间（见图 1-4）、待修区、竣工区（可充电）、充电区、洗车区等，其中维修车间包括举升工位、四轮定位、钣金维修、总成维修、车身校正、电池维修、油漆车间；备件库、旧件库、员工休息室、工具资料室、动力电池库、空压机房等。

图 1-2　新能源汽车售后服务中心

图 1-3　业务接待区

图 1-4　维修车间

2. 岗位配置

新能源汽车售后服务中心岗位布置见表 1-2。

表 1-2   新能源汽车售后服务中心岗位布置

	主 要 岗 位	人数最低标准	配 置 要 求
1	服务经理	1	专职 1 人
2	服务主管	1（可兼职）	N > 10 时，专职 1 人
3	服务接待	2	月进厂量每增加 300 台增加 1 人
4	洗车工	1	月进厂量每增加 450 台增加 1 人
5	技术主管	1	专职 1 人
6	质量检验员	1（可兼职）	N > 10 时，专职 1 人；月进厂量每增加 900 台，增加 1 人
7	机电技师	3	月进厂量每增加 150 台，增加 1 人
8	钣金技师	1	合计约为机电技师数量的 1/2
9	喷漆技师	1	
10	配件主管	1	专职 1 人
11	配件计划员	1（可兼职）	N > 10 时，专职 1 人
12	库房管理员	1（可兼职）	N > 10 时，专职 1 人
13	工具管理员	1（可兼职）	N > 10 时，专职 1 人
14	客服主管	1	专职 1 人
15	客服专员	1（可兼职）	N > 10 时，专职 1 人
16	索赔员	基本备制 1 人（以月质量担保单据 400 份为基数，月质量担保单据每增加 200 ~ 400 份增加 1 人配置标准）	
	合计	13	

注：1. N 代表：日进站车辆台数。

　　2. 行政、财务及客户休息室服务人员等其他一般人员不在本表单所列人员之列，服务商因根据业务开展的需要配备。

　　3. 兼职原则：平级互兼，上级兼下级。

3. 专用工具设备配置

新能源专用工具设备配置见表 1-3。

表 1-3   专用工具设备配置

序号	工具、仪器名称	用　途	序号	工具、仪器名称	用　途
1	故障诊断仪	故障码读取、数据刷写	8	放电工装	电容余电释放
2	动力电池、举升车	拆装动力电池	9	护目镜	防止电弧伤眼
3	动力电池货架	存放动力电池	10	高性能绝缘表	检测高压系统绝缘性能
4	手动堆高车	装卸转运动力电池	11	高性能数字万用表	高压、低压电器及电路检测需要
5	绝缘工具	高压部件拆装	12	非接触式红外温度仪	检测高压端子工作温度
6	绝缘手套	高压部件拆装	13	端子测试工具	线束端子状态测试
7	绝缘垫	举升机地面绝缘	14	水基灭火器	高压电池火警防范

三、新能源汽车售后服务中心理念

汽车售后服务核心流程体现以"客户为中心"的服务理念，提升客户的忠诚度，规范所有面对客户的服务行动，以提升服务效益。客户对于汽车销售服务中心及其员

笔 记

工有哪些需求，某公司曾做过一次具有代表性的市场研究。从客户的角度分析什么是非常重要的，而什么是次要的。

客户需求的顺序：

非常重要

↓

次要

> 1) 高质量且专业化完成工作。
> 2) 客户对员工的信任。
> 3) 立即解决投诉问题。
> 4) 只将客户确实必要的东西销售给客户。
> 5) 按约定的时间完成工作。
> 6) 专业化业务咨询。
> 7) 快速顺畅的流程。
> 8) 适当的性价比。
> 9) 极其友善的服务态度。
> 10) 感到作为客户很受欢迎。
> 11) 配备最新的技术。
> 12) 先进的维修服务。
> 13) 注重环保。
> 14) 整体团队的帮助。
> 15) 现代化、专业化的印象。
> 16) 舒适的氛围。
> 17) 整洁的环境。
> 18) 取车时车辆的整洁。
> 19) 设施一目了然，可轻松地找到所需的一切。
> 20) 始终保持同样的联系人。
> 21) 企业主能够亲自关心客户。
> 22) 多种多样的附件选择。
> 23) 在等候的时间可以享受舒适的座椅，阅读的书籍。

以北汽新能源汽车股份有限公司为例介绍其售后服务中心管理理念。

图 1-5 所示为北汽新能源汽车股份有限公司售后服务中心的 LOGO，其释义如下：

图 1-5　北汽新能源汽车股份有限公司 LOGO

1）左方第一个变形字母 S，即 SMART（智慧、智能）首字母；变形为绿色闪电，表达出快如闪电的新能源服务核心。

2）右方第二个变形字母 S，即 SERVICE（服务）首字母；变形为蓝色车辆外轮廓，表达出新能源汽车关怀、贴心的服务理念。

3）北京汽车品牌标识，表明本服务品牌被纳入北汽集团整体品牌标识体系中。

4）智·惠·管家。

智：智慧、聪颖、主动、互联网服务特征。

惠：优惠，售后成本趋近于零，超出期望的增值服务。

管家：达成客户愿望，实现客户所未想，为客户提供全面的车务服务。

学习任务 2　了解新能源汽车维保工作流程

【学习目标】

1. 了解新能源汽车维保工作职责和工作流程。
2. 了解新能源汽车公司维护相关政策。

一、新能源汽车维保工作流程

汽车售后服务中心经营流程是指从客户委托保养或维修车辆，到保养或维修完毕，车辆交付客户的整个工作步骤的逻辑顺序。

保养或维修的工作需要以下人员共同参与完成，以及其相应的工作职责见表1-4。

表1-4　员工岗位及工作职责

序　号	员工岗位	工作职责
1	服务顾问	服务顾问与客户沟通，接受任务
2	车间主管	车间主管管理车辆维修人员，分配工作任务
3	车辆维修人员	维修人员进行维修、保养工作
4	财务	完成结算工作

针对完成车辆维修与保养的工作任务，不同的工作岗位之间的工作关系如图1-6所示。

为实现企业工作条理的规范性，工作人员售后的详细工作线路如图1-7所示。

新能源汽车维修与保养的工作流程，大体分为六步，如图1-8所示。

1. 预约排班

车间主管、备件主管配合服务顾问完成。

2. 接车预检

配合服务顾问完成客户"迎宾、预检"环节，协助服务顾问确认客户车辆的疑难故障，对属于索赔范畴的维修项目进行鉴定。

①服务顾问通过与客户沟通，收集客户和车辆信息，确定工作内容

⑨服务顾问按交付时间将车辆交给客户，解释结算单

客户

客户委托

服务顾问

⑧服务顾问将工作内容和客户信息转交给收银员

收银员

物料清单

②服务顾问与车间主管进行交接

交车验收

车间主管

⑦车间主管将车辆交给服务顾问

③车间主管分配维修人员完成工作

配件库房管理员

车辆维修人员

④配件库房进行发放

交付车辆

⑥维修人员将车辆交给车间主管进行质量检查

执行任务

⑤按规范完成工作

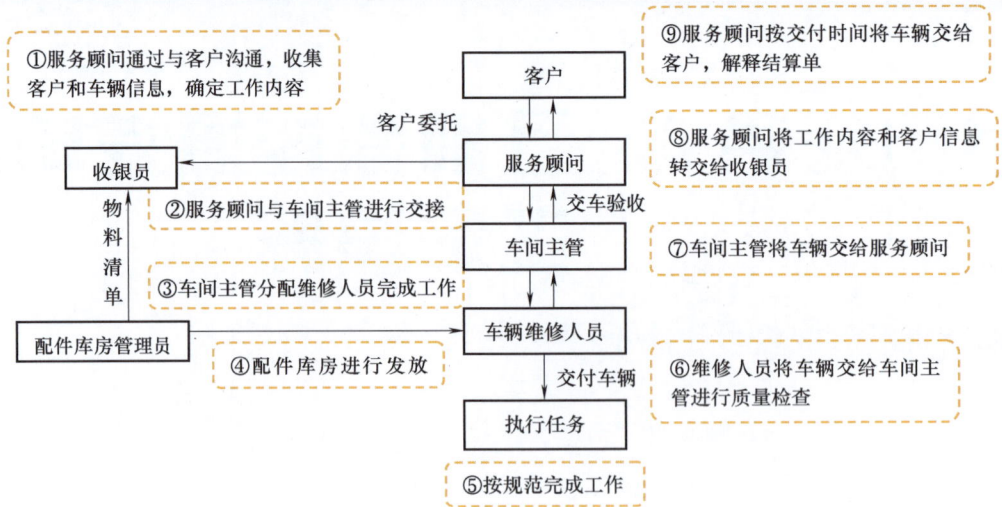

图1-6 不同的工作岗位之间的工作关系

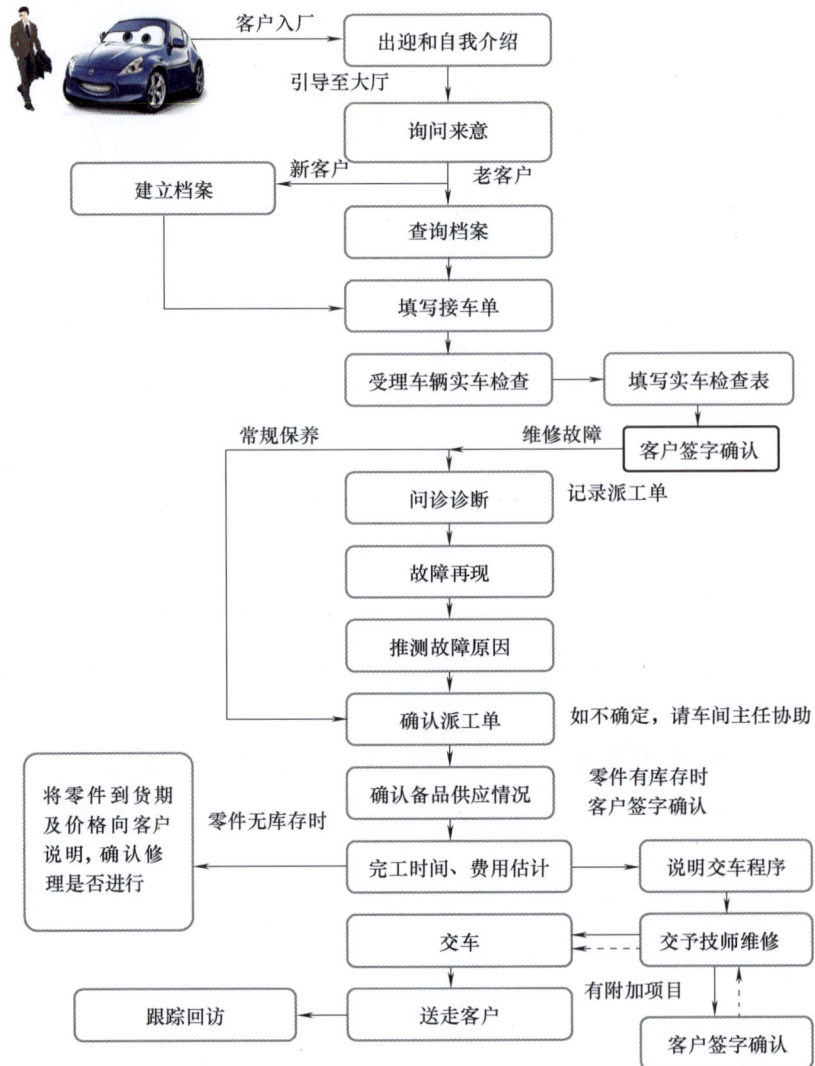

客户入厂 → 出迎和自我介绍

引导至大厅

询问来意

新客户 | 老客户

建立档案

查询档案

填写接车单

受理车辆实车检查 → 填写实车检查表

常规保养 | 维修故障

客户签字确认

问诊诊断

记录派工单

故障再现

推测故障原因

确认派工单

如不确定，请车间主任协助

确认备品供应情况

零件有库存时客户签字确认

将零件到货期及价格向客户说明，确认修理是否进行

零件无库存时

完工时间、费用估计 → 说明交车程序

交车 ← 交予技师维修

有附加项目

跟踪回访 ← 送走客户

客户签字确认

图1-7 工作人员售后的详细工作线路

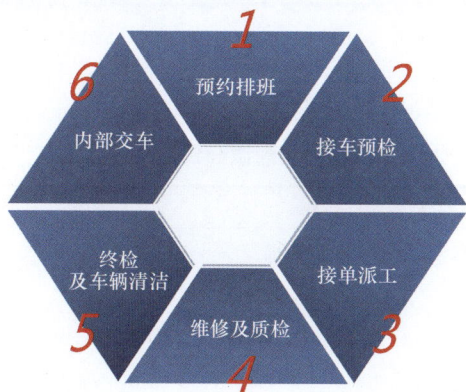

图1-8　新能源汽车维修与保养的工作流程

3. 接单派工

车间主管接车及派工规范，充分利用维修产能，把将要进行的维修工作，安排给合适的维修技师，提高劳动效率。

4. 维修及质检

车间主管规范车间人员的维修作业，明确维修及质检的关键动作及执行要点，提高客户车辆的一次修复率。

5. 终检及车辆清洁

规范服务站终检及返工处理的工作流程要点，确保客户车辆的维修质量，降低因维修质量导致的客户抱怨及投诉，树立服务站经营口碑。

6. 内部交车

规范质检员和服务顾问之间的交接步骤，明确交接的执行要点，保障车间与前台维修信息的有效传递，确保维修单据及相关旧件交付的完整性。

二、新能源公司维护相关政策

1. 维护政策

以北汽新能源公司为例，公司为客户提供前4次车辆免费维护，维护间隔见表1-5。

表1-5　北汽新能源公司维护政策

维护间隔里程表			
维护类别	维护项目	累计行驶里程/km		
		10 000	20 000	以此类推，前4次免费维护
A级维护	全车保养	√		……
B级维护	高压、安全检查		√	……

2. 整车质保

北汽新能源公司整车质保项目见表1-6。

表1-6   北汽新能源公司整车质保项目

零部件分类	主要零部件名称	质保时间/里程	车型
基础件	车身骨架、副车架、前/后纵梁、横梁、（左/右）前后车门本体	10 年/20 万 km	营销公司销售车型
核心件	驱动电机及控制器、动力电池、整车控制器、车载充电机、空调压缩机及控制器、电动助力转向机及控制器、DC/DC 变换器、高压控制盒	6 年/15 万 km SK 电池车辆：6 年/20 万 km	
一般件	基础部件、核心部件和易损件以外的其他零部件	营运车辆：1 年/10 万 km 非营运车辆：3 年/8 万 km	
易损易耗件	如空调滤清器、制动摩擦片、轮胎、灯泡、刮水器、熔断器及普通继电器（不含集中控制单元）、蓄电池、遥控器电池等	6 个月/5000km	

学习任务3　维修人员在工作流程中的非专业素质能力

【学习目标】

1. 掌握 6S 管理的意义。
2. 掌握维修工在工作流程中的非专业素质能力。

一、6S 管理

6S 管理是 5S 的升级，是现代工厂行之有效的现场管理理念和方法，6S 即整理（SEIRI）、整顿（SEITON）、清扫（SEISO）、清洁（SEIKETSU）、素养（SHITSUKE）、安全（SECURITY）。有效推行 6S 管理能够培养员工认真对待每一件小事的习惯，克服马马虎虎的毛病。另外，6S 管理还能够促使员工培养起按照规定办事的良好习惯，减少不规范作业。

1. 整理（SEIRI）——要与不要，一留一弃

将工作场所的任何物品区分为有必要和没有必要的，除了有必要的留下来，其他的都消除掉。目的：腾出空间，空间活用，防止误用，塑造清爽的工作场所。

2. 整顿（SEITON）——科学布局，取用快捷

把留下来必要用的物品依规定位置摆放，并放置整齐加以标识。目的：工作场所一目了然，减少寻找物品的时间，整整齐齐的工作环境，消除过多的积压物品。

3. 清扫（SEISO）——清除垃圾，美化环境

将工作场所内看得见与看不见的地方清扫干净，保持工作场所干净、亮丽的环境。目的：稳定品质，减少工业伤害。

4. 清洁（SEIKETSU）——清洁环境，贯彻到底

将整理、整顿、清扫进行到底，并且制度化，经常保持环境处在美观的状态。目的：创造明朗现场，维持上面 3S 成果。

笔 记

5. 素养（SHITSUKE）——形成制度，养成习惯

每位成员养成良好的习惯，并遵守规则做事，培养积极主动的精神（也称为习惯性）。目的：培养良好习惯、遵守规则的员工，营造团队精神。

6. 安全（SECURITY）——安全操作，以人为本

重视成员安全教育，每时每刻都有安全第一观念，防患于未然。目的：建立起安全生产的环境，所有的工作应建立在安全的前提下。

二、维修人员在工作流程中的非专业素质能力

1. 与客户和同事的沟通能力和倾听能力

沟通是人与人之间、人与群体之间思想与感情的传递和反馈的过程，以求思想达成一致和感情的通畅。沟通无论是在生活中还是工作中都是非常重要的，父母与子女的相处、同事间的共事以及上司与部属之间的运作等。它有三大要素：①要有一个明确的目标；②达成共同的协议；③沟通信息、思想和情感。

在沟通过程中，可以通过学习表 1-7 中的沟通三部曲中各要素进行有效的沟通。

表 1-7　沟通三部曲

层　次	内　容	
我知道（I See）	要做什么（What）	目的何在（For What）
	进行时间（When）	负责人（Who）
我理解（I Understand）	必要性	进行方法
	期望目标	负责范围
我愿意（I Do）	沟通（达成共识）	参与（集思广益）
	透明化（公正无私）	信赖

小贴士

沟 通 危 机

- 只要求肯定自己；
- 以自我为中心；
- 只想完成自己的目标；
- 对自己施压及给对方压力；
- 牺牲别人维护自己；
- 我就是真理。

沟 通 原 则

- 认真倾听，对问题有合理的、应有的反应；
- 沟通问题准确，沟通过程流畅可以体现自己的见解；
- 注重礼仪规范，文明用语；
- 谈话过程流畅可以体现友善合作意识；
- 围绕客户任务能专业清楚地表达，条理分明，能让对方听懂；
- 沟通内容围绕客户委托完成情况展开，清晰明确；
- 沟通过程表达清楚并为客户着想。

倾听是最有效的沟通方式。倾听能鼓励他人倾吐他们的状况与问题，而协助他们找出解决问题的方法，积极倾听的原则见表1-8。

笔记

表1-8 积极倾听的对话原则

听众应该遵守的规则	诉说者应该遵守的规则
1）我让他人诉说痛快，不插话	1）我连贯地讲述
2）我让诉说者感受到，我在认真地听他诉说（例如，通过注视他，通过点头回应他的意见等）	2）如果我从倾听者的脸上看出他似乎有些不明白时，我会给他机会询问的
3）如果有地方没听懂，我会在他诉说完毕后询问他	3）我用第一人称来诉说，以便更清晰地表达我的观点/感觉（例如，"我觉得……""我感受过……""我认为……"等）
4）我会用自己的话总结诉说者提到的内容，以告诉他，我理解他所说的内容。在此，我会运用下列方式表述："你刚才提到……""对于你说到的……我理解对了吗?"	4）我不使用"总是"或"从不"这些词语，因为这种表述不恰当，太绝对了
5）我尊重他人的观点，即使我不能苟同	5）讲述完毕后，我会询问倾听者是否理解我所陈述的内容

2. 在工作流程中的团队能力

在这个世界上，任何一个人的力量都是渺小的，只有融入团队，只有与团队一起奋斗，才能实现个人价值的最大化，才能成就自己的卓越！所谓团队，是指一些才能互补、团结和谐并为负有共同责任的统一目标和标准而奉献的一群人。团队不仅强调个人的工作成果，更强调团队的整体业绩。团队的核心是共同奉献。这种共同奉献需要一个成员能够为之信服的目标。只有切实可行而又具有挑战意义的目标，才能激发团队的工作动力和奉献精神，为工作注入无穷无尽的能量。如图1-9所示。

图1-9　团队协作

那么优秀的团队需要具备以下几个要素：

1）拥有一组专业人士，团队人数＜10人，理想人数是5～7人。

2）拥有共同的目标和行动空间，共同生产一个产品/提供一项服务，目标描述清晰而且具有可检查性。

3）对所有成员进行角色分配和任务分工，团队中其专业知识和能力互相补充。

4）团队成员具有自身工作积极性，定期沟通交流，商定的事情进行经常性检查。

5）能按照规则，标准和约束进行工作。

3. 在工作流程中的责任心

美国心理学家埃尔森曾经做过一个试验，发现61%的成功人士所从事的职业并不是他们内心所喜欢的。埃尔森惊讶了，成功人士们则说，"因为我在那个位置上，那里有我应尽的职责，我必须尽心尽力，做好自己岗位上的事。那不仅是对工作负责，也是对自己负责。"可见，责任是一个人必须承担的事情，它体现了一个人的思想、态度和原则。

责任是一个人人生观、价值观和世界观的完美聚焦。社会的每个个体都应当坚定地树立责任意识，不管是领导，还是普通员工，都需要一份宝贵的责任心，在努力完成自身本职工作的基础上，更好地发挥自我才能，提升个人价值。

责任是一种美好的品质。维克多弗兰克曾说过，每个人都被生命询问着，而他只有用自己的生命才能回答这个问题，只有以"负责"来答复，"能够负责"是人类能够存在的最重要的本质。在工作中，态度就是自我责任的体现，它往往比工作本身更为重要，从一个人的工作态度可以看出他是否有责任心、责任心有多大，而这，在很大程度上决定着他能走多远。

工作责任心

什么是工作责任心？

- 站在客户角度考虑时间，注重礼仪规范，文明用语；
- 负责任地向客户说明工作计划中涉及安全性、环保性和便利性的问题；
- 工作步骤的正确性、规范性和合理性；
- 工作任务的时间控制，考虑厂商的工作效率等；
- 工作任务的成本控制，考虑厂商的经济效益等；
- 工作过程的安全性和环保性；
- 客户及车辆信息记录准确；
- 考虑时间控制、成本核算、安全与环保等因素，制订维护工作方案（工作计划）。

4. 环境防范

（1）溶剂　目前使用的一些清洁剂是溶剂，如使用不当或容器不密封，其中的液体会蒸发到空气中。盛放溶剂的器皿不用时要密封存放，溶剂应酌量使用，可以用合适的替换物质来代替一些常用的溶剂。同样，许多油漆也是溶剂，在喷洒时要酌量少用，以减少溶剂的挥发量。

（2）制冷剂　当排放空调系统中的制冷剂或更换新的制冷剂时，必须使用合适的设备。

（3）排液　溶剂、酸、液压油、冷却液和其他类似物质不应倒入下水道中并且必须注意防止它们溢出到下水道中。在对这些物质进行操作时，应远离下水道，最好处理场地周围有碎石或围墙，以防止排入下水道。如果发生溢出，也有助于迅速将溢出液体吸收。随时准备防溢出工具会起到帮助。

工作中应始终遵守以下处理和溢出防范的说明

- 把液体排放到下水道之前，要先检查是否会对环境造成污染，避免触犯当地法规；
- 在四面围墙的区域存放液体；
- 盛放液体的容器一定要加盖且不能意外打开；
- 锁上阀门保护储油罐不被破坏和滥用；
- 将液体从一个储液罐向另一个储液罐转移时，最好使用密闭的管道传输；
- 在储备地区和液体处理区附近备有防溢出工具。

学习任务 4　接受客户委托和环车检查

【学习目标】

1. 掌握维修接待的工作流程。
2. 掌握维修接待的工具材料和工作要求。
3. 掌握环车检查的重要性和工作要求。

【任务描述】

客户张先生经电话预约需要对其车辆——北京汽车 EV200 做 10 000km 定期保养，预计 1h 内到达本 4S 店，作为服务顾问如何完成客户张先生的接待和环车检查工作任务呢？

【知识准备】

一、接受客户委托

扫一扫

接受客户委托和
环车检查

维修接待是汽车企业中服务顾问的工作职责，它属于汽车 4S 店的具体工作领域，也是企业的典型工作任务。当客户进入维修接待大厅时，服务顾问是与客户接触的第一人物，也是赢得客户满意度和忠诚度的关键人物。

服务顾问工作的宗旨是通过规范的维修服务工作流程来赢得客户的信任，提升客户的满意度，保持客户的忠诚度。

服务顾问应做到以下几点：

1）与客户搭建良好沟通，做好客户维护工作，提升客户的满意度；

2）有责任保证客户的需求得到理解和认同，并以令客户满意的方式来关注客户的需求，保持客户对本店的忠诚度；

3）宣传本企业，推销新技术、新产品，解答客户提出的相关问题，开发新客户市场。

作为服务顾问，首先需要完成客户的接待工作，了解客户的需求。接受客户委托

的步骤如图 1-10 所示。

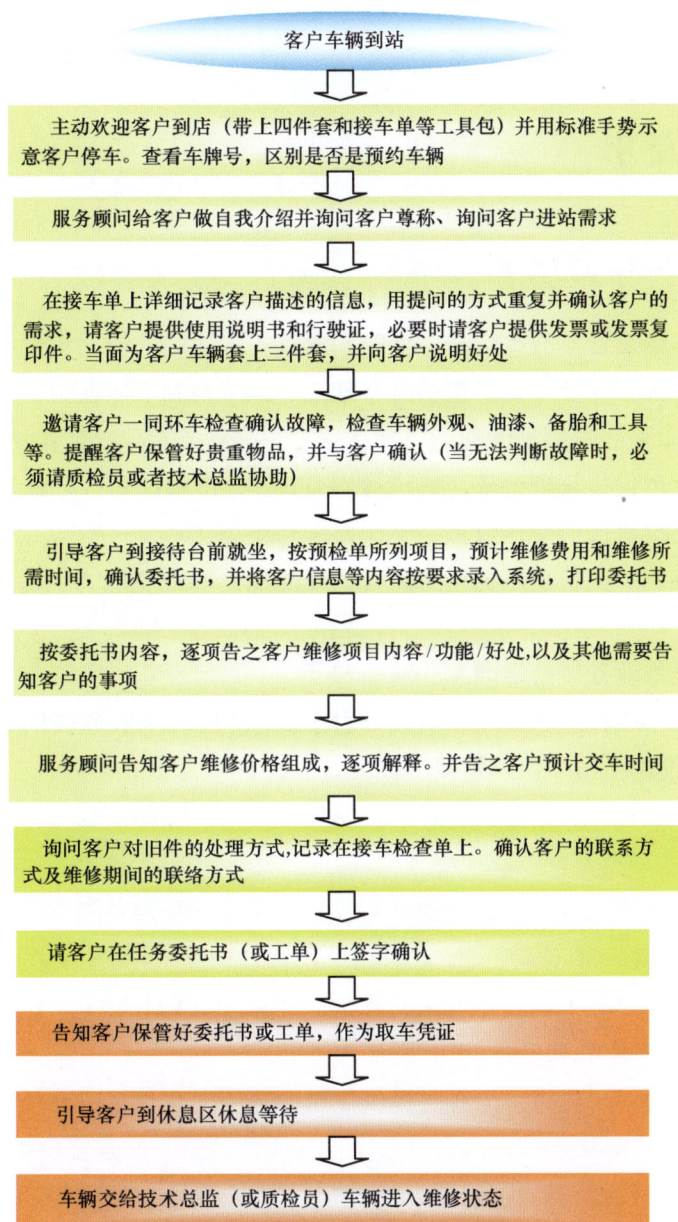

客户车辆到站

主动欢迎客户到店（带上四件套和接车单等工具包）并用标准手势示意客户停车。查看车牌号，区别是否是预约车辆

服务顾问给客户做自我介绍并询问客户尊称、询问客户进站需求

在接车单上详细记录客户描述的信息，用提问的方式重复并确认客户的需求，请客户提供使用说明书和行驶证，必要时请客户提供发票或发票复印件。当面为客户车辆套上三件套，并向客户说明好处

邀请客户一同环车检查确认故障，检查车辆外观、油漆、备胎和工具等。提醒客户保管好贵重物品，并与客户确认（当无法判断故障时，必须请质检员或者技术总监协助）

引导客户到接待台前就坐，按预检单所列项目，预计维修费用和维修所需时间，确认委托书，并将客户信息等内容按要求录入系统，打印委托书

按委托书内容，逐项告之客户维修项目内容／功能／好处，以及其他需要告知客户的事项

服务顾问告知客户维修价格组成，逐项解释。并告之客户预计交车时间

询问客户对旧件的处理方式,记录在接车检查单上。确认客户的联系方式及维修期间的联络方式

请客户在任务委托书（或工单）上签字确认

告知客户保管好委托书或工单，作为取车凭证

引导客户到休息区休息等待

车辆交给技术总监（或质检员）车辆进入维修状态

图 1-10　接受客户委托的步骤

二、维修接待工具与材料

1. 维修接待使用的工具材料

1）维修接待用文件夹，其中有名片、笔和接车单等。

2）接待台、接待椅、计算机、打印机、四件套、计算器、资料盒、电话、车辆维修任务进度管理板和维修接待办公软件等。

3）车辆检测仪器，例如解码仪和万用表等。

2. 客户使用的工具材料

汽车4S店休息厅相关配套必备设施茶几、沙发、饮水机和电视等。

三、工作要求

1. 维修接待技术要求

1）熟悉汽车维修行业有关价格、保险和索赔等方面的法律、法规和政策。

2）熟悉汽车维修专业知识，包括汽车理论、汽车材料和零配件、汽车维修工艺流程、汽车常见故障和常用检测设备，并具有一定的维修技能和汽车驾驶技能。

3）适应企业现代化管理要求，熟练运用 Office 办公软件和售后服务软件。

4）熟练掌握维修接待操作流程、工作要求和要点。

5）普通话流利，具备良好的沟通能力、表达能力和应变能力，有高度的责任感和良好的职业道德。

6）接受过维修业务接待培训。

此外，具有良好的英文听、说、读、写能力，也是汽车服务顾问非常重要的一项岗位技能，这项技能在当今快速发展的社会日益重要。

2. 维修接待质量要求

1）熟悉维修接待工作流程，遵循各环节的工作要求和规章制度，提升企业形象和客户对本店的满意度。

2）认真倾听客户对车辆故障现象的陈述，并采用5W1H技巧⊖进行询问，确认故障现象，以便维修工作顺利进行。

3）设身处地为客户着想，为客户提供优质的环境，在保证维修质量的前提下尽最大力量节省客户的时间和金钱，与客户建立良好伙伴关系，增强客户对本企业的信任。

4）交车时严格检查车辆状况，如车辆未达到客户需求时要进行返工，为客户提供完整服务。

3. 维修接待环保要求

1）工作区域现场不放置非必需品，保证现场井然有序，要求在30s内找到要找的东西。

2）将岗位保持无垃圾、无灰尘、干净整洁的状态，注重可循环使用物品的回收和再利用。

3）能够根据环保的要求，正确处理对环境和人体有害的辅料、废气、废液和已损坏的零部件。

4）当车辆维修和保养时，注重车辆尾气排放标准工作。

⊖　5W1H技巧，即原因（Why）、对象（What）、地点（Where）、时间（When）、人员（Who）、方法（How）。

四、环车检查

环车检查也叫作车辆预检，它是由汽车 4S 店服务顾问在车辆维修前对车辆进行的全方位检查，以确认车辆以前的损伤情况。

1. 环车检查的目的和重要性

1）拉近客户与维修企业的距离，体现维修企业的热忱和细心。

2）发现客户未发现的维修项目，可向客户建议必要的维修或保养，增加售后服务的收益。

3）提醒客户存放/带走遗留在车内的贵重物品。

2. 环车检查在维修接待流程中所处的位置

环车检查工作处在客户接待与接车制单两环节之间。当客户车辆停好后，由服务顾问进行打开客户车门、自我介绍、递出名片，以及询问客户来意等一系列的客户接待工作后，服务顾问需要对客户的车辆按照 4S 店企业标准规范完成环车检查工作，并填写接车登记表。当完成车辆检查后，服务顾问引导客户到维修前台，并与客户协商进行接车制单等工作。

3. 服务顾问的要求

1）检查仪容、仪表，穿着统一工服，仪表端庄、整洁，仪容洁净，佩戴好胸卡。

2）准备好必要的表单、工具和材料。

3）工作环境维护及清洁。

4）接待客户的礼仪举止规范，能运用正确的身体语言，使客户能够感受到热情、友好的氛围，尽快进入舒适区。

4. 接车登记表的填写

接车登记表见表 1-9。

表 1-9　接车登记表

车牌照号		车型/VIN		接车时间	
客户名称		客户电话		方便联系时间	
客户陈述及要求：				是否预约	是□否□
				是否需要预检	是□否□
				是否需要路试	是□否□
				贵重物品提醒	是□否□
				是否洗车	是□否□
				是否保留旧件	是□否□
				如保留旧件存放位置	

笔记

（续）

笔记

维修顾问建议：			
预估保养维修项目（包括客户描述及经销商检测结果）		预估维修费用及时间（备件、工时）	
		预估交车时间	
注意：因车辆维修需要可能涉及路试，如路试中发生交通事故，按保险公司对交通事故处理方法处理			
检查保养项目	接车确认	异常情况请注明原因	接车里程数：km 蓄电池电量：
车辆钥匙	正常□异常□		外观确认：含轮胎、轮毂（盖）、玻璃等，如有问题按要求在下图相应位置标注或说明
动力电池系统	正常□异常□		
电子仪表显示	正常□异常□		外观描述：划痕（H）、裂痕（L）、凹陷（A）、油漆脱落（T）
内饰	正常□异常□		
刮水功能	正常□异常□		
天窗	正常□异常□		
音响	正常□异常□		
空调	正常□异常□		
点烟器	正常□异常□		
座椅及安全带	正常□异常□		
后视镜	正常□异常□		
玻璃升降器	正常□异常□		
制动系统	正常□异常□		
转向系统	正常□异常□		
驱动电机系统	正常□异常□		
车载充电系统	正常□异常□		
充电线	正常□异常□		
备胎	正常□异常□		
随车工具	正常□异常□		
服务顾问签名：			客户签名：

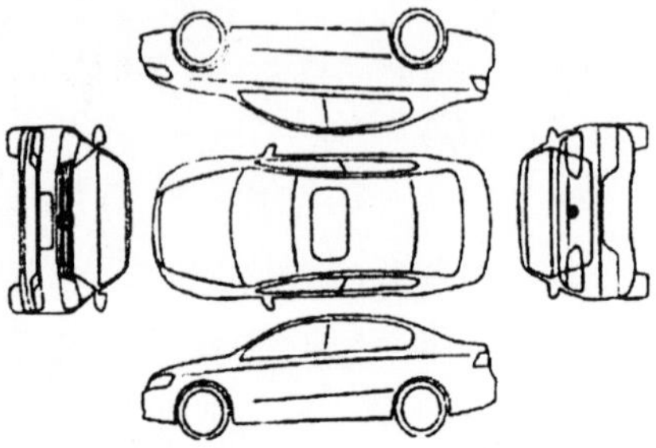

学习情境2

电动汽车检查与维护的准备工作

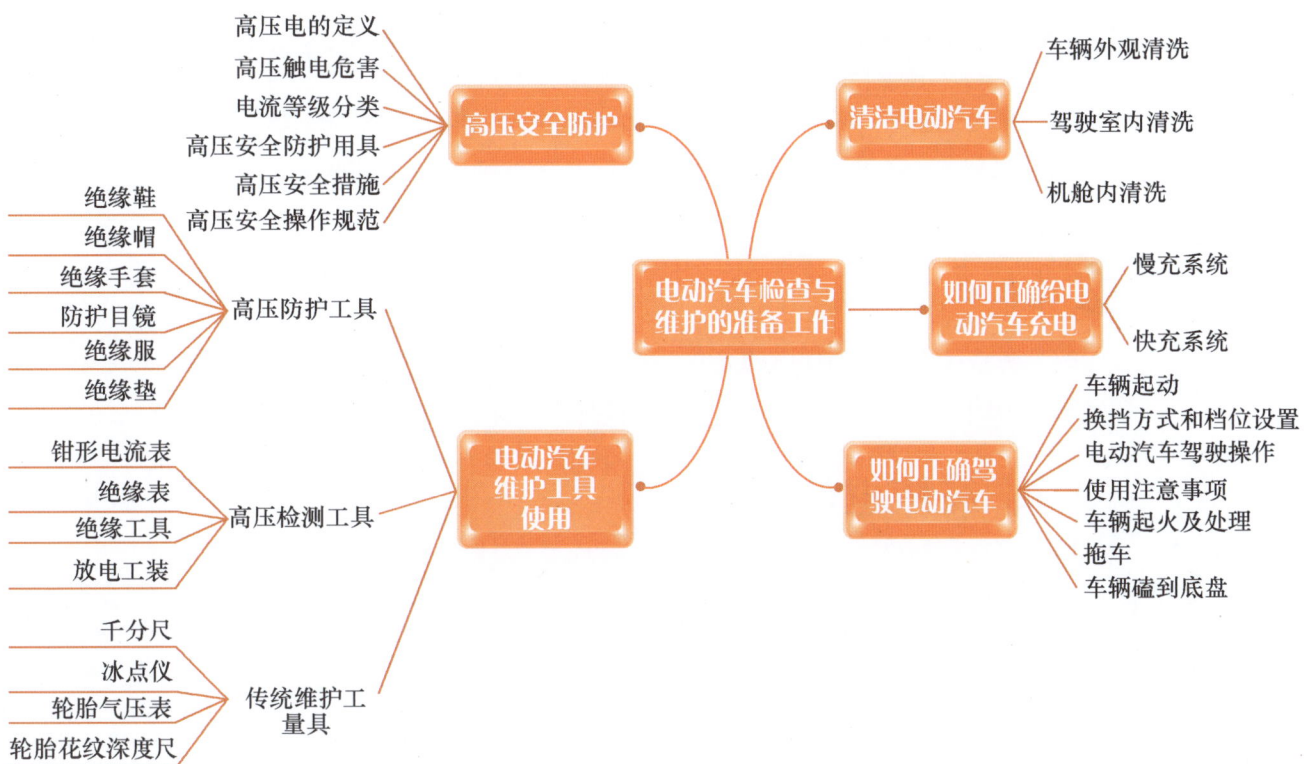

```
高压电的定义
高压触电危害
电流等级分类          ── 高压安全防护 ──        清洁电动汽车 ──   车辆外观清洗
高压安全防护用具                                              驾驶室内清洗
高压安全措施                                                  机舱内清洗
高压安全操作规范

绝缘鞋
绝缘帽
绝缘手套                                          电动汽车检查与              如何正确给电        慢充系统
防护目镜     ── 高压防护工具 ──                 维护的准备工作 ──          动汽车充电 ──
绝缘服                                                                                  快充系统
绝缘垫
                                                                                    车辆起动
钳形电流表                                                                           换挡方式和档位设置
绝缘表                          电动汽车                           如何正确驾          电动汽车驾驶操作
绝缘工具     ── 高压检测工具 ── 维护工具  ──                    驶电动汽车 ──       使用注意事项
放电工装                        使用                                                 车辆起火及处理
                                                                                    拖车
千分尺                                                                              车辆磕到底盘
冰点仪
轮胎气压表   ── 传统维护工
轮胎花纹深度尺    量具
```

学习任务 1　高压安全防护

【学习目标】

1. 了解电动汽车高压电定义、触电危害与急救。
2. 了解电流等级分类。
3. 掌握高压安全防护用具和措施。

【任务描述】

张先生的 EV200 已经行驶 10 000km，张先生想给他的爱车做一次定期保养。电动汽车整车带有高压回路，那作为一名 4S 店的技师，在接到任务后首先应该如何做好高压安全防护措施呢？

【知识准备】

随着能源减少和环境的恶化，电动汽车的发展非常迅速。作为由高压动力电池提供动力的电动汽车在使用、维护保养和检查维修时就必须重视高压安全问题。

一、高压电的定义

扫一扫

电动汽车的高压安全

根据电动汽车国标定义，电路的工作电压 U 分为 A 级和 B 级（表2-1）。通常说的电动汽车的高压就是指 B 级电压。

表 2-1　工作电压等级划分　　　　　　　　（单位：V）

工作电压 U	直流	交流
A 级	$0 < U \leqslant 60$	$0 < U \leqslant 25$
B 级	$60 < U \leqslant 1000$	$25 < U \leqslant 660$

知识拓展

⚠️ 检查 A 级电压电路中的部件时，人员不需要进行触电防护，而对于 B 级电压电路中的部件，应进行触电防护。

⚠️ 安全电压：不致使人直接致死或致残的电压，一般环境条件下允许持续接触的安全特低电压是 36V。

二、高压触电危害

电动汽车的动力电池具有高压电，那么就有漏电的可能性。人体本身又是个大电阻（阻值约为 1000Ω），当对人体施加一个电压后，便形成了一个回路，随着产生电流的增大，会给人体造成不同程度的伤害，比如身体痉挛、肌肉收缩、血压上升、呼吸困难、昏迷甚至窒息死亡。因此在电动汽车使用和维护中，一定要做好安全防护措施，避免高压电给人体带来的触电危险。

小贴士

⚠️ 电击的危害大于电伤的危害。

⚠️ 电流从手流到脚的危害最严重。

专业术语
　　触电是指电流对人体所造成的伤害，根据伤害的性质不同，将触电分为电伤和电击两种。
　　1）电伤。由于电流的热效应、化学效应和机械效应对人体的外表造成的局部伤害，如电灼伤、电烙印和皮肤金属化等。当人体过分接近 1kV 以上高压电时，它可将空气电离，通过空气进入人体，同时伴有高电弧，把人烧伤。
　　2）电击。电流造成人体内部器官功能损伤，如流过心脏的电流过大、持续时间长会使心脏停止跳动，使人窒息而死，危险性最大。

> 小鸟停在高压线上为什么不会被电？

> 人手触电为什么紧握导线丢不开？

> 燃油汽车上也会产生高压电为什么没有触电危险？

小贴士

触电事故发生时应如何急救呢？
（1）脱离电源
当触电发生时，首先要尽快使触电者脱离电源，因为电流作用时间越长伤害越重。救护人员不能直接用手触及伤员，应用绝缘工具、干燥的木棒、木板或带上绝缘手套等不导电的物品将触电者与电源脱离。

（2）询问事故受害者

1）若无反应：先观察受害者的脉搏和呼吸，察看是否有生命迹象，然后拨打急救电话120，必要时在医生到达前对受害者进行人工呼吸或胸部按压。

2）若有反应：先对受伤处进行降温处理，用消毒的绷带包扎。

知识拓展

如何正确做好人工呼吸和胸部按压？

当触电者无呼吸而有心跳时需要人工呼吸，如图2-1所示，首先让伤者平躺即胸腹朝天，然后检查口腔内是否有异物，确保呼吸道畅通，同时解开衣领、腰带等。然后一手捏住鼻子，一手托起下巴，深吸一口气，口对口，用力对伤者吹气，吹完后，救护人的嘴离开吸气，然后再口对口对伤者深吹气。成人一般14～16次/min，儿童20次/min。

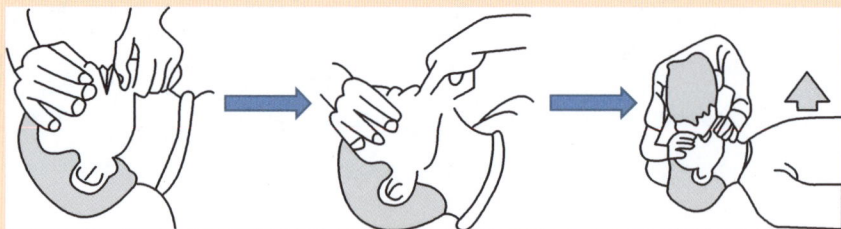

图2-1　人工呼吸示意图

当触电者有呼吸而无心跳时则需要做胸部按压，如图2-2所示，将救护人的一只手掌根部放于患者的胸骨下半部，另一只手放在第一只手上方，手臂伸直，利用身体部分重量下压胸部3～5cm然后放松，掌根和患者胸部不要脱离，成人约80～100次/min，儿童约30～40次/min。

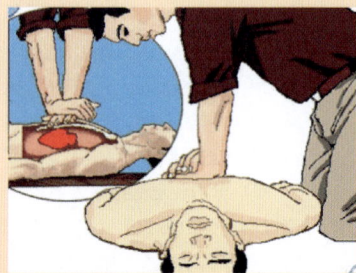

图2-2　胸部按压示意图

三、电流等级分类

根据人体接触到不同程度电流呈现的状态，将电流分为以下三类（图2-3）：

1）感知电流。当电流流过人体时可引起感觉的最小电流。

2）摆脱电流。人触电后能自行摆脱带电体的最大电流。

3）致命电流。在短时间内危及生命的最小电流，与电流持续时间关系密切。

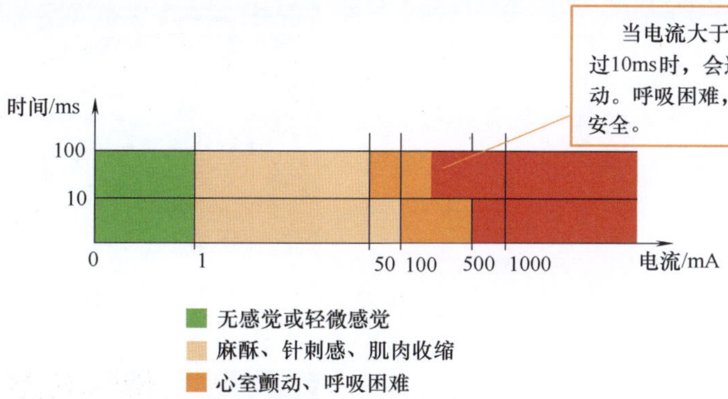
当电流大于50mA，时间超过10ms时，会造成人体心室颤动。呼吸困难，危及触电人员安全。
时间/ms
100
10
0
1
50
100
500
1000
电流/mA
无感觉或轻微感觉
麻酥、针刺感、肌肉收缩
心室颤动、呼吸困难

图 2-3　电流的分类

四、高压安全防护用具

电动汽车高压部件维护前需准备必要的绝缘防护用具和辅助安全用具（图 2-4），确保工作时的安全性。常用的绝缘防护用具有：绝缘手套、安全防护镜、绝缘鞋及标示牌等，辅助安全用具有：灭火器、绝缘胶布和吸水毛巾布等。

汽车维护时有哪些必备的防护用具?

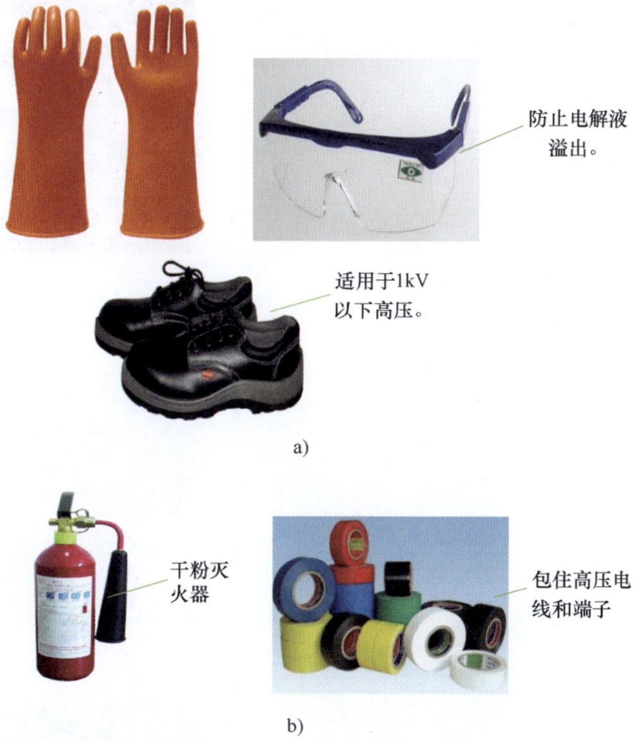
防止电解液溢出。
适用于1kV以下高压。
a)
干粉灭火器
包住高压电线和端子
b)

图 2-4　绝缘防护用具和辅助安全用具

a）绝缘防护用具　b）辅助安全用具

笔 记

五、高压安全措施

相对于传统燃油汽车，电动汽车具有高压系统，因此就会存在高压用电危险。考虑到驾驶人和维修人员的安全，防止触电事故的发生，在设计生产电动汽车时采取了一些高压用电安全措施。

1. 高压线束

电动汽车上的所有高压系统线束都使用橙色线束，以区分低压系统的黑色线束，如图 2-5 所示。

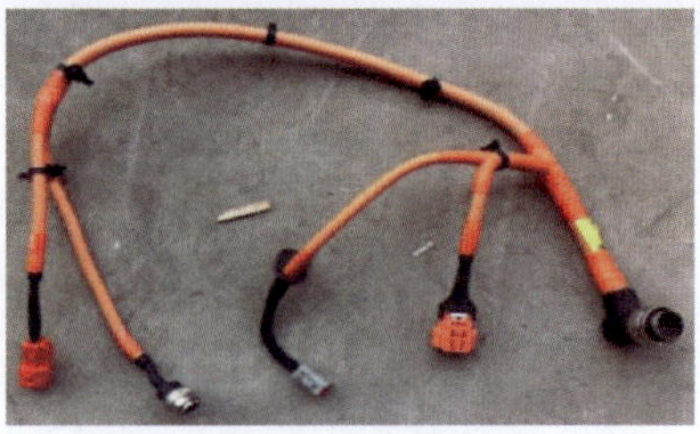

图 2-5   高压线束

2. 高压标识牌

所有高压用电设备，比如 PTC（空调加热器）、DC/DC、电机控制器、高压控制盒、充电口和车载充电机等上面都贴有高压危险的标识牌，如图 2-6 所示。

图 2-6   高压标识牌

3. 高压熔断器

电动汽车上除了有低压熔丝，还有高压熔断器用来保护电路和高压用电安全。由于高压系统对熔丝要求较高，所以高压熔断器能够快速熔断，拉弧时间短，如图 2-7 所示。

电动汽车上有哪些高压用电安全措施？

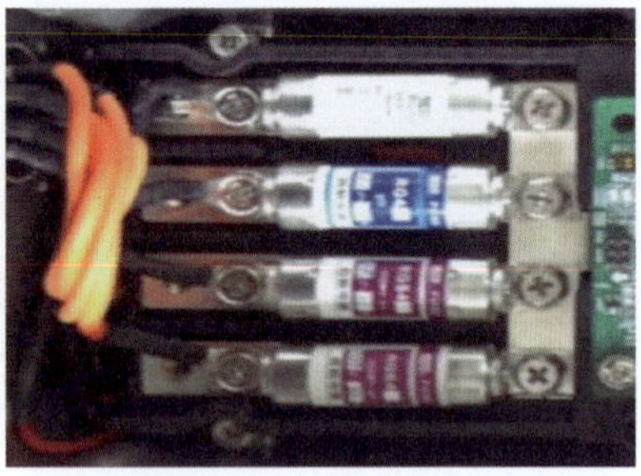

图 2-7   高压熔断器

4. 维修开关

电动汽车的动力电池上设有维修开关，维护车辆时需要将其拔下，断开电路，避免了人接触车身造成电击伤，如图 2-8 所示。

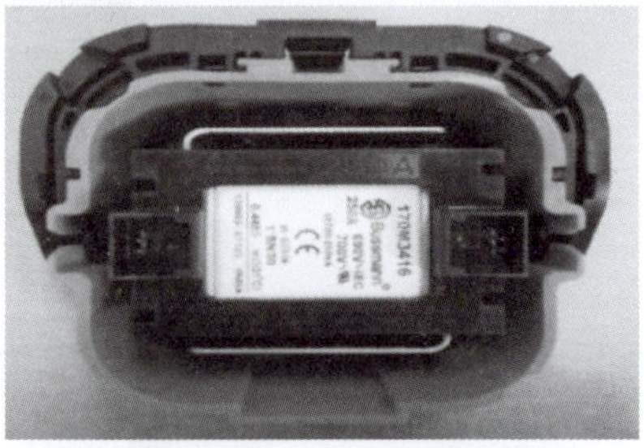

图 2-8   维修开关

5. 高压互锁

通过检查高压系统线束连接情况，识别回路异常来断开动力电池的高压电源，防止人员电击伤，如图 2-9 所示。

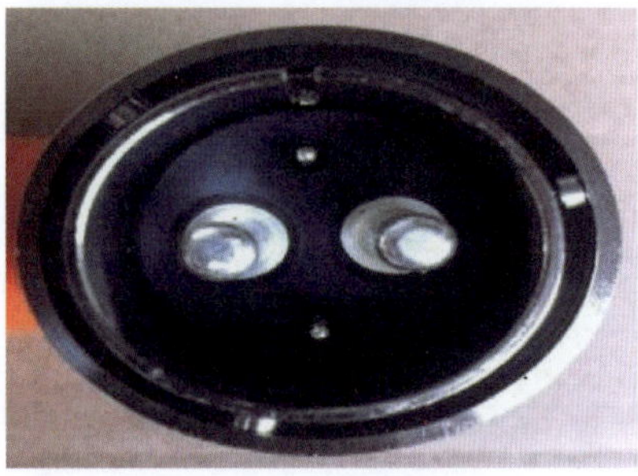

图 2-9   高压互锁

六、高压安全操作规范

1）在电动汽车车辆调试过程中一定要坚持"以人为本，安全第一"的原则，安全一定要放到首位，人的安全问题是最优先级的考虑。

2）操作人员上岗不得佩戴金属饰物，例如：手表和戒指等，工作服衣袋内不得有金属物件，例如钥匙、金属壳笔、手机和硬币等。

3）调试人员必须佩戴必要的防护工具，如绝缘手套、绝缘鞋和绝缘帽等。

4）严禁非专业人员对高压部件进行移除及安装。

5）未经过高压安全培训的维修人员，不允许对高压部件进行维护。

6）车辆在充电过程中不允许对高压部件进行移除和维护等工作。

7）对高压部件进行作业前，必须确认车辆钥匙处于 LOCK 档位并将 12V 电源断开。

8）高压部件打开后或插头断开后，使用万用表对其电压进行测量，电压在 36V 以下才可以进行下一步的操作。

笔记

学习任务2　电动汽车维护工具使用

【学习目标】

1. 掌握高压安全防护用具的正确使用方法。
2. 掌握绝缘检测工具的正确使用方法。
3. 掌握传统工量具的使用方法。

【任务描述】

高先生的 EV200 已行驶 1 年了，高先生想对他的爱车进行全车保养，作为 4S 店的一名技师在接到任务后应该如何选择和使用维护工具呢？

【知识准备】

电动汽车车辆高压部分维护一定要坚持"以人文为本，安全第一"的原则，为防止电击伤害，在维护前维护人员必须做好高压安全防护，正确选择和佩戴绝缘防护用具，使用高压检测工具。传统部分，例如制动系统、行驶系统、转向系统等维护也应正确使用相关检查和维护工量具。

一、高压防护工具

如何正确选择和使用绝缘手套？

1. 绝缘手套

绝缘手套是用天然橡胶制成的，起到对人的保护作用，具有防电、防油、耐酸碱、防油等功能。主要在高压电器设备操作时使用，如动力电池高压回路放电、验电，高压部件的拆装。

绝缘手套铭牌上有最大使用电压（图 2-10），电压值越大，手套越厚。根据测量实物的最大电压值选择绝缘手套。

1）使用绝缘手套前必须进行充气检验气密性，如图 2-11 所示，发现有任何破损则不能使用。

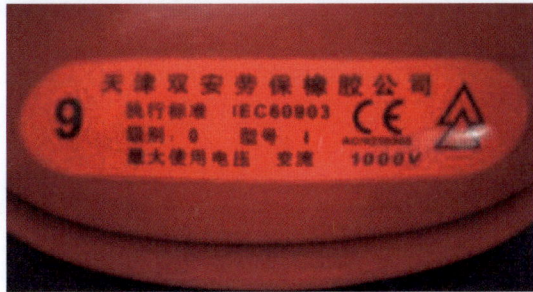

图 2-10　绝缘手套铭牌

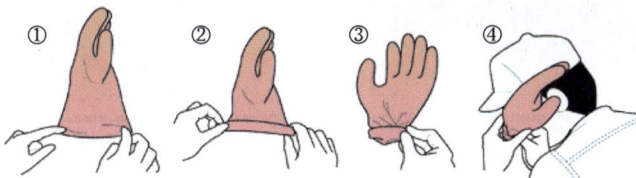

图 2-11　绝缘手套气密性检查

2）当戴绝缘手套作业时，应将衣袖口放进手套筒内，以防发生意外。

3）绝缘手套使用完后，应将内外擦洗干净，待干燥后，撒上滑石粉放置平整，以防受压受损，且不能放置于地上。

小贴士

⚠ 如果一双绝缘手套中的一只破损，那么这副手套不能使用。

⚠ 不可以不戴绝缘手套，而且将手套缠绕或附在测量部件上使用是不允许的。

2. 绝缘帽

绝缘帽在电动汽车举升状态维护时使用。使用前应检查绝缘帽有无裂缝或损伤，有无明显变形，下颚带是否完好、牢固。佩戴时必须按照头围的大小调整并系好下颚带，图 2-12 所示为绝缘帽正确佩戴方式。

图 2-12　绝缘帽正确佩戴方式

3. 绝缘鞋

绝缘鞋是高压操作时使人与大地保持绝缘的防护用具。一般在较潮湿的场所使用。穿戴绝缘鞋前需检查（图 2-13）鞋面有无划痕、鞋底有无断裂、鞋面是否干燥。绝缘鞋应放在干燥、通风处，不能随意乱放，并且避免接触高温、尖锐物品和酸碱油类物质。

4. 防护目镜

检查和维护电动车时需要佩戴防护目镜，主要用于防御电器拉弧产生的电火花对眼睛的损伤。使用前需要对防护目镜进行检查，看目镜有无裂痕、损坏。

5. 绝缘服

绝缘服（图2-14）主要用于维护人员带电作业时的身体防护。

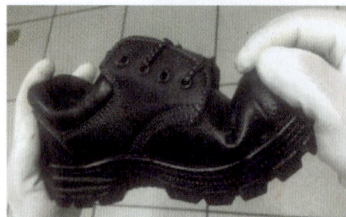

图 2-13　绝缘鞋检查

图 2-14　绝缘服

6. 绝缘垫

绝缘垫是具有较大电阻率和耐电击穿的胶垫，主要在电动汽车维护时用于地面的铺设，起到绝缘的作用，比如雨季湿度大或者地面潮湿时，绝缘垫就更加重要了。

二、高压检测工具

1. 绝缘表

如何正确使用绝缘表检测绝缘电阻？

绝缘电阻是表征电动汽车电气安全好坏的重要参数。高压电线绝缘介质的老化或受潮湿环境影响等会导致高压电路和车辆底盘之间的绝缘性能下降，负极引线通过绝缘层和底盘构成漏电流回路，使底盘电位上升，危及乘客的人身安全。为了消除高压电对车辆和驾乘人员人身的潜在威胁，保证电动汽车电气系统的安全，在电动汽车维护时需要使用绝缘表检测绝缘电阻。

绝缘表主要分为绝缘电阻表和数字测试绝缘表两种。

（1）绝缘电阻表　绝缘电阻表又叫作兆欧表。它由一个手摇发电机、表头和三个接线柱（L、E 和 G）组成，如图 2-15 所示。L 为接线端，E 为搭铁端，G 为屏蔽端（也叫作保护环），一般被测绝缘电阻都接在 L 端和 E 端之间，但当被测绝缘体表面漏电严重时，必须将被测物的屏蔽环或不需测量的部分与 G 端相连接。这样漏电流就经由屏蔽端 G 直接流回发电机的负端形成回路。

绝缘电阻表的额定电压有 250V、500V、1000V、2500V 等几种，测量范围有 500MΩ、1000MΩ、2000MΩ 等几种。用绝缘电阻表测量绝缘电阻时应该根据什么原则选择呢？

1）根据额定电压等级选择见表 2-2。

如何正确使用绝缘表

图 2-15　绝缘电阻表组成

表2-2 根据额定电压等级选择

被测设备额定电压/V	选用绝缘电阻表额定电压/V
≤500	500 或 1000
≥500	1000 或 2500

2）根据电阻量程范围选择。

表头刻度线上有两个小黑点，小黑点之间的区域为准确测量区域，在选表时应使被测设备的绝缘电阻值在准确测量区域内，如图2-16。

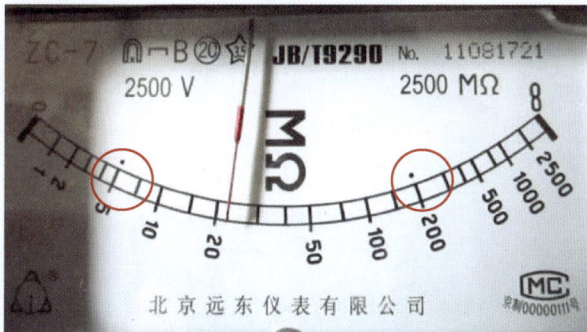

图2-16 绝缘电阻表量程

使用绝缘电阻表测量绝缘电阻前需要检查绝缘电阻表是否处于正常工作状态，先将其放在平稳、牢固的地方，然后进行断路试验和短路试验。

断路试验：将L和E表笔分开，由慢到快摇动手柄使发电机达到120r/min的额定转速，观察指针是否指在标度尺"∞"位置，如果是则为正常，如图2-17。

图2-17 断路试验

短路试验：将L和E短接，由慢到快摇动手柄使发电机达到120r/min的额定转速，观察指针是否指在标度尺"0"位置，如果是则为正常，如图2-18。

图2-18 短路试验

注意事项

1）为了保证安全，测量前必须将被测设备电源切断，并搭铁放电，决不允许设备带电进行测量。

2）摇测过程中，被测设备上不能有人工作。

3）绝缘电阻表的引线应用多股软线，且两根引线切忌绞在一起，以免造成测量数据不准确。

4）当测量绝缘电阻时，一般只用 L 端和 E 端，但在测量电缆搭铁的绝缘电阻或被测设备的漏电流较严重时，就要使用 G 端，并将 G 端接屏蔽层或外壳。线路接好后，可按顺时针方向转动摇把，摇动的速度应由慢而快，当转速达到 120r/min 左右时，保持匀速转动，1min 后读数，并且要边摇边读数，不能停下来读数。

5）测试完毕后，先拆线然后停止摇动绝缘电阻表，防止电器设备向绝缘电阻表反向充电损坏绝缘电阻表。

6）禁止在雷电时或高压设备附近测绝缘电阻。

笔记

（2）数字测试绝缘表   数字测试绝缘表（图 2-19）是一种由电池供电的绝缘测试仪。它可以测量交流/直流电压、搭铁耦合电阻和绝缘电阻。数字测试绝缘表上有三个插线孔对应三根表笔（两红一黑），根据测量数据的不同选用不同的插线端子。

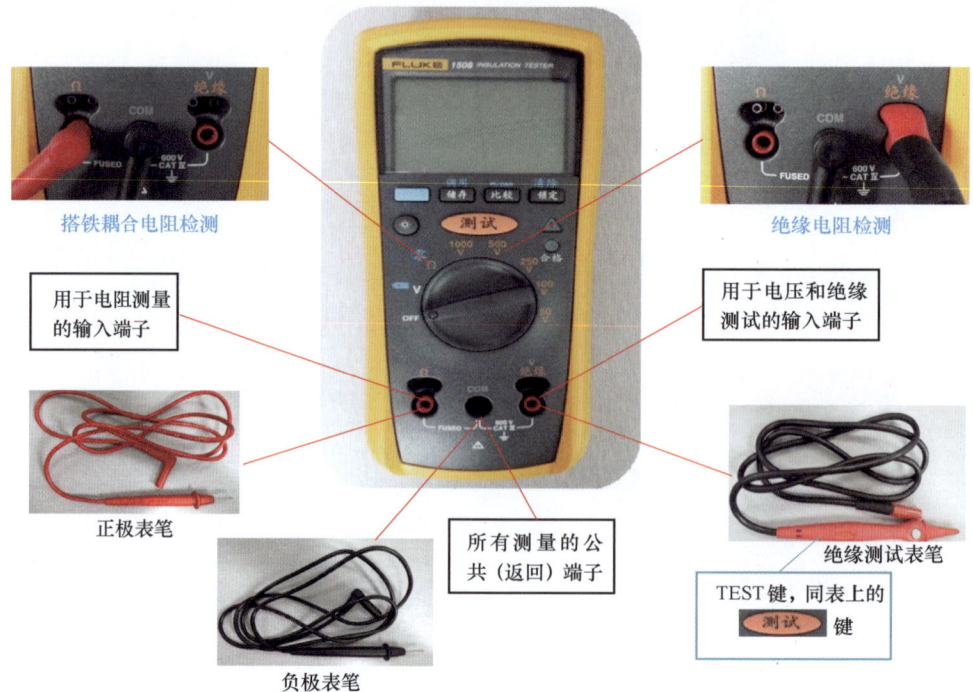

搭铁耦合电阻检测　　　　　　　　　　　绝缘电阻检测

用于电阻测量的输入端子　　　　　　　　用于电压和绝缘测试的输入端子

正极表笔

所有测量的公共（返回）端子

绝缘测试表笔

TEST 键，同表上的 测试 键

负极表笔

图 2-19　数字测试绝缘表

数字测试绝缘表如何正确使用？有哪些注意事项？

就像绝缘电阻表一样，数字测试绝缘表使用之前也需采用断路试验和短路试验检查其是否处于正常状态。

实车检测时数字测试绝缘表的正确使用步骤（图 2-20）：

1）根据测试车辆的电压范围值选择量程。如 EV200 绝缘电阻检测一般选用 500V 档位即可。

2）将绝缘测试表笔与部件高压端子接触，负极表笔与部件壳体或车体接触。

3）按住绝缘测试表笔测试键或表体的测试键，待数值稳定后，读取屏幕上数据，即为绝缘电阻值。

图 2-20　实车检测时的正确使用步骤

注意事项

1）必须在断电情况下进行绝缘电阻的测量。

2）一定是各导电端子与车体或壳体之间的测量。

3）因为高压部件内部有电容存在，严禁端子之间的绝缘电阻测量。

4）绝缘组织测量需要保持1min，数值稳定后结束测量。

5）由于绝缘表两表笔之间的电压为1000V，因此测量过程中注意保持手指与身体不能与任何导电部位接触。

绝缘表测低压电器

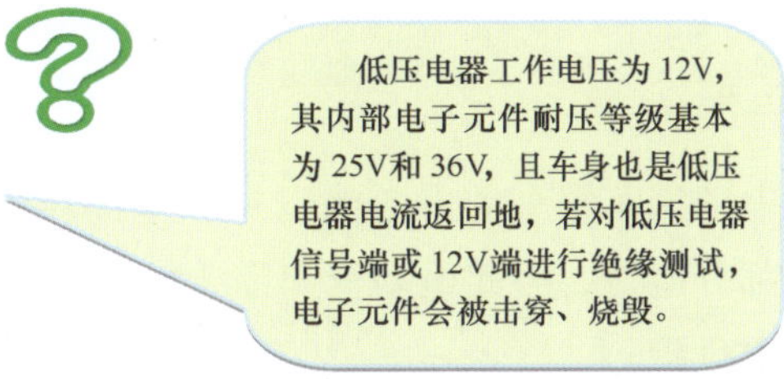

？

低压电器工作电压为12V，其内部电子元件耐压等级基本为25V和36V，且车身也是低压电器电流返回地，若对低压电器信号端或12V端进行绝缘测试，电子元件会被击穿、烧毁。

为什么不能带电测量？

绝缘电阻表模拟高压输出直接加载在设备工作电路上，如果设备带电，会直接烧毁绝缘电阻表。

2. 钳形电流表

钳形电流表又叫作电流钳，是利用电流互感器原理制成的，分为指针式和数字式两种，本书主要以数字式钳形电流表为主。钳形电流表可以在不断开电路的情况下测量线路电流，钳形电流表使用前先判断它是否能正常工作。

1）测量之前应检查钳口上是否有污物，检查被测导线是否绝缘。

2）根据额定功率估测额定电流，选择合适的量程档位，不可用小量程测量大电流。如果电流大小无法估算，就选最大量程，以防烧表。如果读数小，切换至小量程。严禁测量过程中换量程档。

3）测量时被测导线应垂直放在钳形电流表的钳口中心。钳形电流表测量时一次只能测量一根导线，不可以同时测量多根导线。

4）钳形电流表上有额定电压，不能用钳形电流表去测量超过额定电压的高压电路电流，否则容易造成事故或引起触电危险。

5）测量时，测量人员应戴绝缘手套，穿绝缘鞋，双手不得触碰其他设备，防止短路和搭铁。

6）如果被测电流较小，应将被测导线缠绕几圈后放进钳口内测量，如图2-21所示。

图2-21　钳形电流表

$$实际电流值 = 表盘读数/导线缠绕的圈数$$

3. 绝缘工具

绝缘工具属于高压作业工具，如图2-22所示，是能够保证带电作业安全的工具。

和传统工具相比，多加了抗高压的绝缘层，从而保证维护人员的人身安全。

图 2-22　绝缘工具

4. 放电工装

由于电动汽车整车动力电池以及一些高压部件带有电容，即使断开电源但是电容还会存储部分电量，因此电动汽车需要放电工装（图 2-23）对高压端口进行放电，避免产生触电危险。

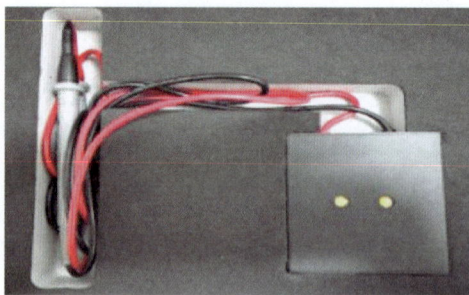

图 2-23　放电工装

三、传统维护工量具

1. 冰点仪

冰点仪（图 2-24）是根据溶液含量与折射率的对应关系设计的光学仪器，可测量乙二醇和丙二醇冷却液的结晶冰点，可用于电动汽车冷却液和玻璃水冰点的测量。

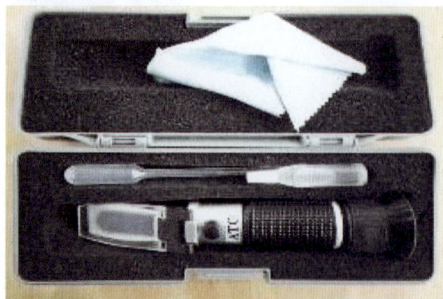

图 2-24　冰点仪

笔记

放电工装如何正确检查？

将放电工装的两个表笔分别接 12V 蓄电池的正极和负极，放电工装上的一个灯应亮，将两个表笔对调，另一个灯应亮。

2. 轮胎气压表

轮胎气压表用于轮胎气压测量，可直接按在气嘴上，在不漏气后读取数据。可以避免气压不足或过高造成的轮胎使用寿命减短。图 2-25 所示为实车测胎压。

3. 轮胎花纹深度尺

花纹深度尺如图 2-26 所示，它可以很快地测出轮胎花纹深度，判断出轮胎的磨损程度。使用时需要多次测量轮胎不同位置的花纹深度。

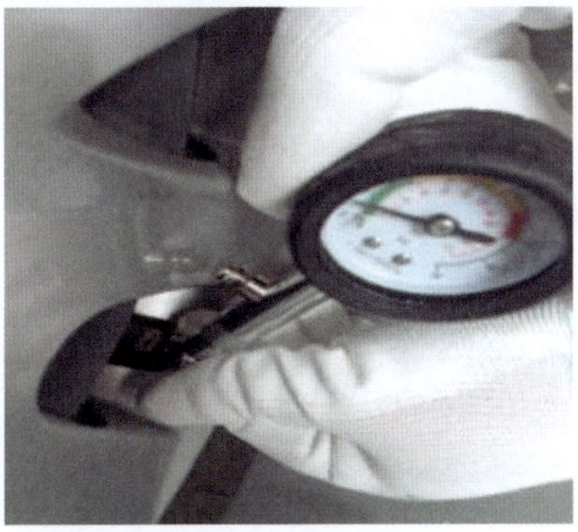

图 2-25　实车测胎压

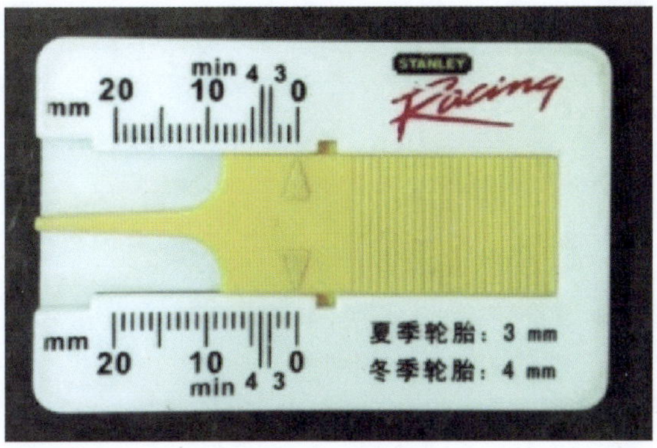

图 2-26　花纹深度尺

4. 千分尺

千分尺（图 2-27）是依据螺旋放大的原理制成的，即螺杆在螺母中旋转一周，螺杆便沿着旋转轴线方向前进或后退一个螺距的距离。千分尺是比游标卡尺更精密的测量长度的工具，读数一般为小数点后三位，最后一位为估读值。可以用来测量制动片厚度等。

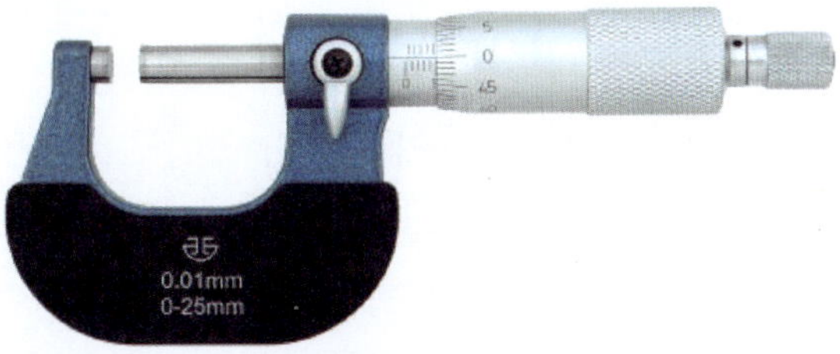

图 2-27　千分尺

笔记

学习任务3　如何正确驾驶电动汽车

【学习目标】

1. 了解电动汽车车辆起动方法。
2. 了解电动汽车换档方式、档位设置和仪表盘。
3. 掌握电动汽车正确驾驶方法和注意事项。
4. 掌握电动汽车起火、拖车和磕到底盘的处理方法。

【任务描述】

　　陈小姐在4S店买了一辆EV200，接车的时候发现和传统燃油汽车在驾驶方法上有很多不同。作为4S店的销售顾问应该如何告诉陈小姐电动汽车正确的驾驶方法和注意事项呢？

【知识准备】

　　电动汽车依靠动力电池输出电力驱动车辆行驶，具有零排放、节能环保和操作简单等特点。不像传统燃油汽车，电动汽车没有手动档和自动档之分，它依靠电机带动减速器改变车速的快慢和方向，不需要离合器来切断和传递动力。电动汽车的驾驶方法更加简单、方便、易操作。

一、车辆起动

起动开关（图2-28）

LOCK：拔下启动钥匙，锁转向盘锁止，此时大多数电路不能工作。

ACC：转向盘解锁，个别电器和附件可以工作。

ON：高压通电，所有仪表、警告灯和电路工作。

START：READY绿灯点亮READY，启动高压。

图 2-28　起动开关

你知道吗

1）当钥匙转动到 ON 档时，至少停 3～5s 使整车通电并完成自检，观察仪表显示正常后，再转动钥匙至 START 位置。

2）当车辆起动时，应踩着制动踏板转动钥匙门至 START 位置。

3）电动汽车刚起动时会有"嗡嗡"的响声，这是水泵的声音，不影响正常使用。

4）变速杆处于驻车档或空档（P/N）位置才能起动汽车，当变速杆处于其他位置时，车辆无法起动。

二、换档方式和档位设置

电动汽车的换档方式有变速杆和旋钮式电子换档两种类型。北汽新能源 E150EV 电动汽车使用的是变速杆式，EV200 电动汽车使用的是旋钮式电子换档。

1. 变速杆式（图 2-29）

变速杆有三个位置：D、R、N。

（1）前进档 D　在换 D 位之前，先踩制动踏板，否则档位选择无效。

（2）倒档 R　在选择倒档前，确保车辆处于静止状态，然后踩下制动踏板，轻轻压下手柄，再挂档。

（3）空档 N　在选择空档前，确保车辆处于静止状态。

2. 旋钮式（图 2-30）

（1）前进档 D　在旋到 D 位之前，先踩下制动踏板，否则档位选择无效。

（2）倒档 R　在旋到倒档前，确保车辆处于静止状态，踩下制动踏板，将旋钮旋至 R 位。

变速杆和旋钮式电子换档有什么区别？

图 2-29　变速杆式

图 2-30　旋钮式

（3）空档 N　在选择空档前，确保车辆处于静止状态。

（4）经济模式 E　旋至 E 位时踩下制动踏板，会有制动能量回收功能。左侧 E⁺ 和 E⁻ 在 E 位有效，表示制动能量回收强度。

注：旋钮旋到当前档时对应字母显示冰蓝色，其余档位字母为白色。

你知道吗

1）当车辆静止时，驾驶人进行换档操作必须同时踩下制动踏板才能换档成功。如果未踩下制动踏板，仪表显示当前换档旋钮的物理档位并闪烁，此时需换至 N 位，重新进行换档操作。

2）车辆运行中，当车速低于 5km/h 并不为 0 时，驾驶人进行换档操作，D-R 位、E-R 位或者 R-D 位、R-E 位不需要踩制动踏板。当车速高于 5km/h 时，D-R 位、E-R 位或者 R-D 位、R-E 位，仪表显示当前档位位置并闪烁，整车不响应加速需求。

专业术语

制动能量回收：车辆减速或制动时车轮带动驱动电机转动，此时驱动电机变成发电机产生电能为动力电池充电，达到能量回收利用的效果，同时辅助汽车的制动。

优点：①有效增加续航里程，最高可达 20%；②制动平稳，缩短制动距离，提高制动效率；③减少制动蹄片磨损，延长使用寿命。

三、仪表盘认知

EV200 的仪表盘（图 2-31）能实时显示功率、数字车速、瞬时电耗、倒车雷达、动力电池电压、电流、驱动电机转速、平均电耗、保养里程、车外温度等 20 多项信息，让驾驶人及时获取车辆状况。

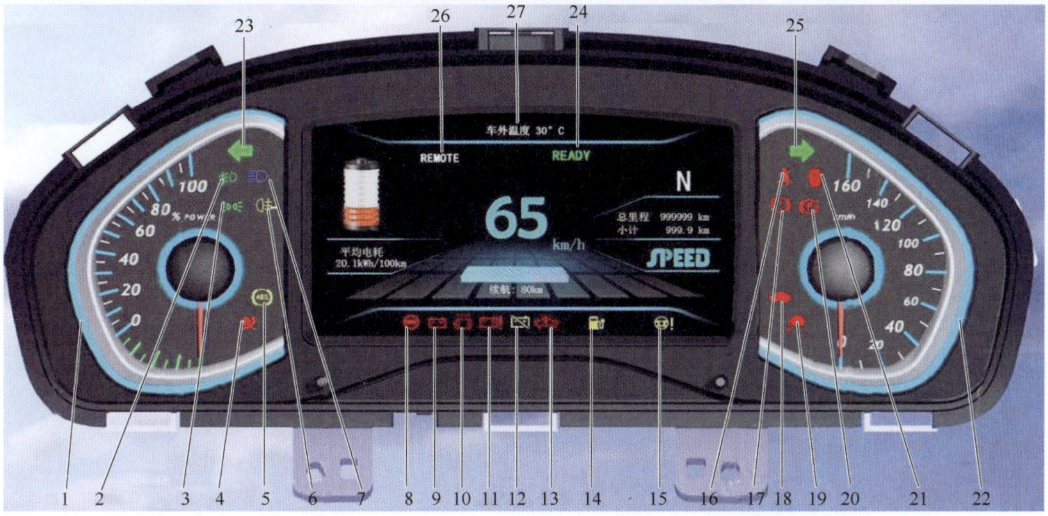

扫一扫

电动汽车仪表盘认知

图 2-31　EV200 的仪表盘

1—驱动电机功率表　2—前雾灯　3—示廓灯　4—安全气囊指示灯　5—ABS 指示灯　6—后雾灯　7—远光灯　8—跛行指示灯　9—蓄电池故障指示灯　10—电机及控制器过热指示灯　11—动力电池故障指示灯　12—动力电池断开指示灯　13—系统故障灯　14—充电提醒灯　15—EPS 故障指示灯　16—安全带未系指示灯　17—制动故障指示灯　18—防盗指示灯　19—充电线连接指示灯　20—驻车制动指示灯　21—门开指示灯　22—车速表　23/25—左/右转向指示灯　24—READY 指示灯　26—REMOTE 指示灯　27—室外温度提示

四、电动汽车驾驶操作

电动汽车和燃油汽车相比驾驶方法有所不同，那如何起动电动汽车呢？

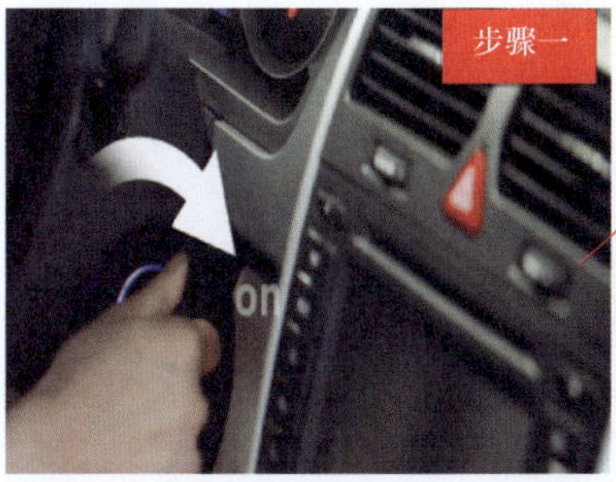

将钥匙插入转动到ON档。

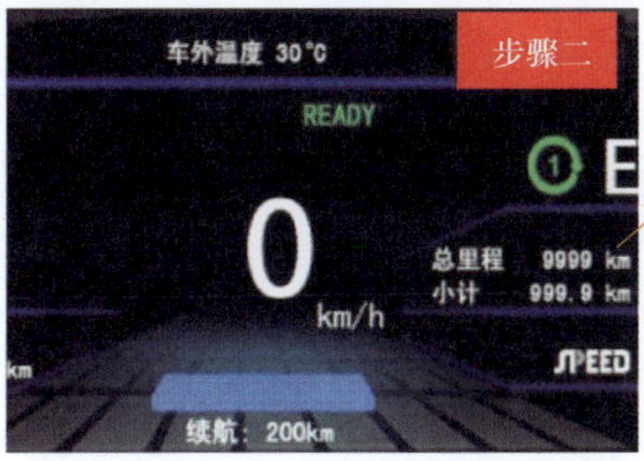

系统自检后“READY 灯”点亮，表明车辆准备完毕，可以行驶。

如果“READY 灯”闪烁，说明车辆有故障。

笔 记

步骤三

检查 SOC 电量表。电量表分为十个格，每格表示10%的电量。蓝色代表放电，绿色代表充电。

步骤四

踩下制动踏板。

步骤五

将换档旋钮旋至 D 位。

步骤六

松开驻车制动。

步骤七

缓抬制动踏板，车辆行驶。

五、使用注意事项

动力电池是电动汽车的动力源，它的性能好坏直接影响电动汽车的续航里程。正确的驾驶方法对动力电池的使用寿命和电动汽车的续航里程起到至关重要的作用。

1. 夏季注意事项

1）雨季行车前应先做好行车前检查，主要检查刮水器、车辆空调除雾功能是否正常。

2）行驶速度尽量不要超过 60km/h，暴雨尽量不要行驶，车速不应超过 20km/h。

3）雨季车辆发生故障无法行驶后，应当靠边停车，正确放置三角警示牌等待救援，严禁自行维修。

4）在泥泞路面行驶时，不要猛踩加速踏板，以免发生侧滑。

5）请勿驶入深水中，以免发生漏电短路事故。

6）当车辆被积水浸泡时，不要考虑继续行驶，应迅速断电并离开车内，尽量不要与车身金属接触，以免发生触电。

7）避免高温充电。因动力电池温度特性，车辆高速行驶后，夏季建议停放 30min 后，在阴凉通风处进行充电。

8）当暴雨打雷时尽量不要充电；当车辆在露天或者地势较低的地方充电时，若开始下雨应终止充电，以免积水高度超过充电口发生短路。

9）避免车辆暴晒。建议将车辆停放在阴凉通风处，以防车内温度过高，造成安全隐患。

2. 冬季注意事项

1）电动汽车在冬季低温行驶后，建议及时充电，避免因长时间停驶导致动力电池温度低，造成用电浪费和充电延时。

2）当车辆充电时，建议尽量将车辆停放于避风朝阳且温度较高的环境存放。

3）充电时预防雪水淋湿充电接口，更不要将充电插头直接暴露在雪水中，防止发生短路。

4）避免因冬季气温过低导致充电异常等情况的出现，建议在给车辆充电时先检查车辆充电是否开启。检查充电桩充电电流，若充电电流达到 12A 以上，充电已开启。

六、车辆起火及处理

车辆行驶中如果电机控制器出现故障，元件温度失控、电线插头接触不良，通电时打火引燃电线绝缘层及动力电池内部故障等很可能引起起火。当出现车辆起火时，按照图 2-32 所示步骤冷静处理起火事故。

想要提高电动汽车续航里程在日常驾驶过程中应该注意什么？

笔记

| 迅速停车 | 然后切断电源 | 取下随车灭火器 | 依据实际情况采用不同方式灭火 |

图2-32　处理起火事故步骤

若火势较小且动力电池未起火，可采用灭火器灭火。若火势较大且动力电池起火，则应立即撤离，并拨打119请专业的消防员来对其进行灭火，如图2-33所示。

图2-33　消防员灭火

灭火器如何使用？

电动汽车灭火不能使用水基灭火器，应选用干粉或二氧化碳灭火器。使用灭火器时主要分为以下三步：

1）提起灭火器（若为干粉灭火器，使用前先摇动数次，使瓶内干粉松散）。

2）拔下保险销，压下压把。

3）离火焰两米处，站在上风口对准火焰根部喷射。

小贴士

普通的二氧化碳或干粉灭火器只能扑灭明火，并不能扑灭动力电池内部的燃烧。因此，正确的扑灭电动汽车着火的方式是使用大量且持续的水给动力电池电池降温，保证电池内部自燃熄灭，不会复燃。

七、拖车

1）车辆在需要救援时，应首先选择专业拖车公司，不得盲目自行拖拽，以免对车辆造成不可逆的损坏。

2）如无专业拖车公司时，在保证安全的前提下，选择自行拖车应保证车辆钥匙处于ON档，变速杆置于N位。

3）建议使用硬拖，选择合适的拖车杆。在自行拖车时，因车辆特性需控制拖车速度不超过15km/h。

八、车辆磕到底盘

在遭遇凹凸不平的路面时，应减速通过，尽量避免磕到底盘的情况，一旦磕到底盘（图2-34），应立即停车然后进行以下操作：

1）检查动力电池外观是否发生损坏。

2）若无损坏，重新起动车辆行驶。

3）发生车辆无法起动，应及时拨打售后服务电话，待救援人员赶赴现场处理。

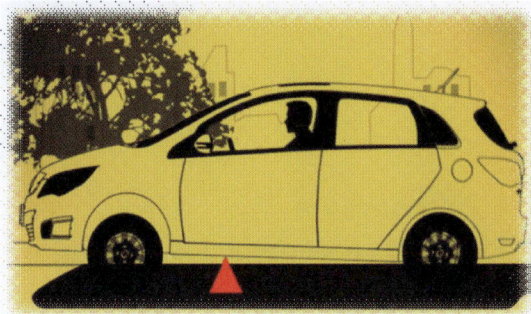

图2-34　车辆磕到底盘

学习任务4 如何正确给电动汽车充电

【学习目标】

【学习目标】

1. 了解电动汽车快充系统和慢充系统。
2. 掌握电动汽车正确充电的方法及注意事项。

【任务描述】

郑先生刚从4S店新买的EV200，行驶一段里程后，仪表盘显示电量不足需及时充电。他应该怎样给自己的爱车充电既能满足行驶里程又能提高动力电池的使用寿命呢？

【知识准备】

作为以电能为动力的电动汽车，充电系统是电动汽车主要的能源补给系统，分为常规充电（俗称慢充）和快速充电（俗称快充）两种方式（图2-26），那这两种充电方式有什么区别呢？如图2-35所示，见表2-3。

如何区分快充桩和慢充桩？

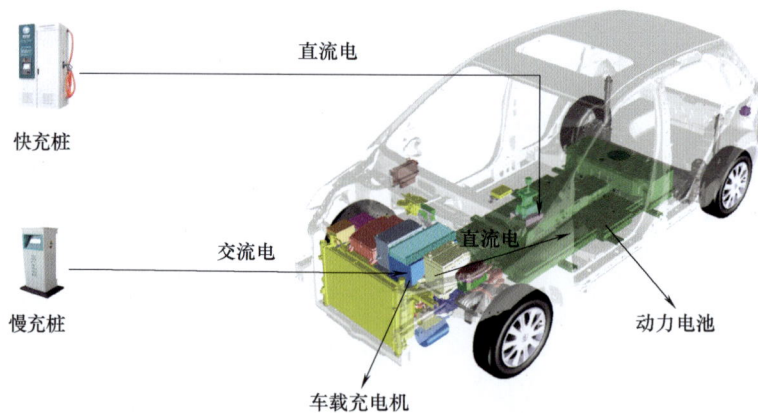

图2-35 快充和慢充两种方式

表 2-3　快充和慢充两种方式的区别

充电方式	快充	慢充
原理	充电机直接输出直流进行充电	车载充电机将交流充电桩的电源装车直流进行充电
设备	大功率非车载直流充电机	交流充电桩 + 小功率车载充电机
时间	时间短	时间长

以北汽新能源 EV200 电动汽车为例，该车有两个充电口，一个快充口一个慢充口（图 2-36）。快充是直流供电，半小时可充到 80%；慢充为交流供电，充电时间为 6 ~ 8h 充满。

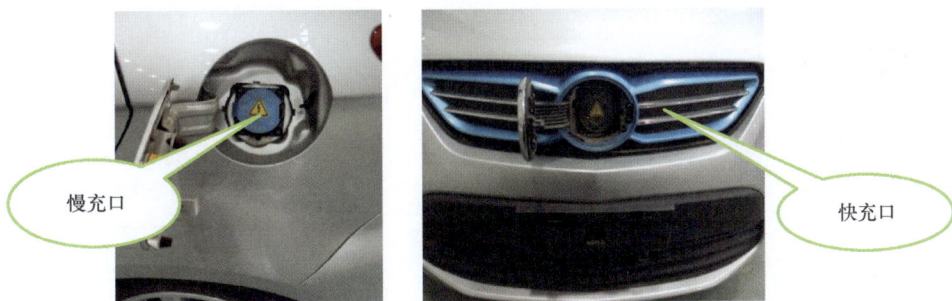

图 2-36　快充口和慢充口

一、慢充系统

电动汽车随车都会配备 16A 和 32A 两种充电线，满足家用电源或专用充电桩充电，家用电源充电必须使用 16A 的充电线。图 2-37 所示为车辆端充电枪部分和充电桩供电端部分。

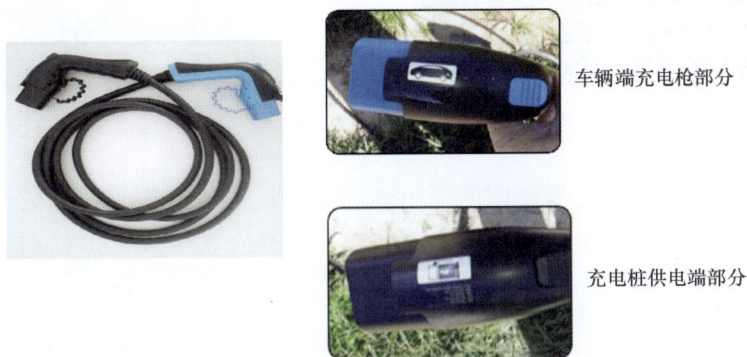

图 2-37　车辆端充电枪部分和充电桩供电端部分

如何正确使用充电桩给电动汽车充电？

随着互联网技术的发展，现在使用充电桩充电有两种方式：充电卡和手机 APP。电动汽车充电具体操作流程如图 2-38 所示。

当充电线连接电动汽车车身和充电桩后，汽车中控仪表板上会显示充电电压、充电电流（电流负值为充电，正值为放电）以及已充电电量等信息，如图 2-39 所示。

北汽 EV200 前机舱内的车载充电机上有 POWER、RUN 和 FAULT 三个指示灯，在正确的充电过程中，POWER 和 RUN 两个指示灯会亮，表明电动汽车可以正常充电，如图 2-40 所示。

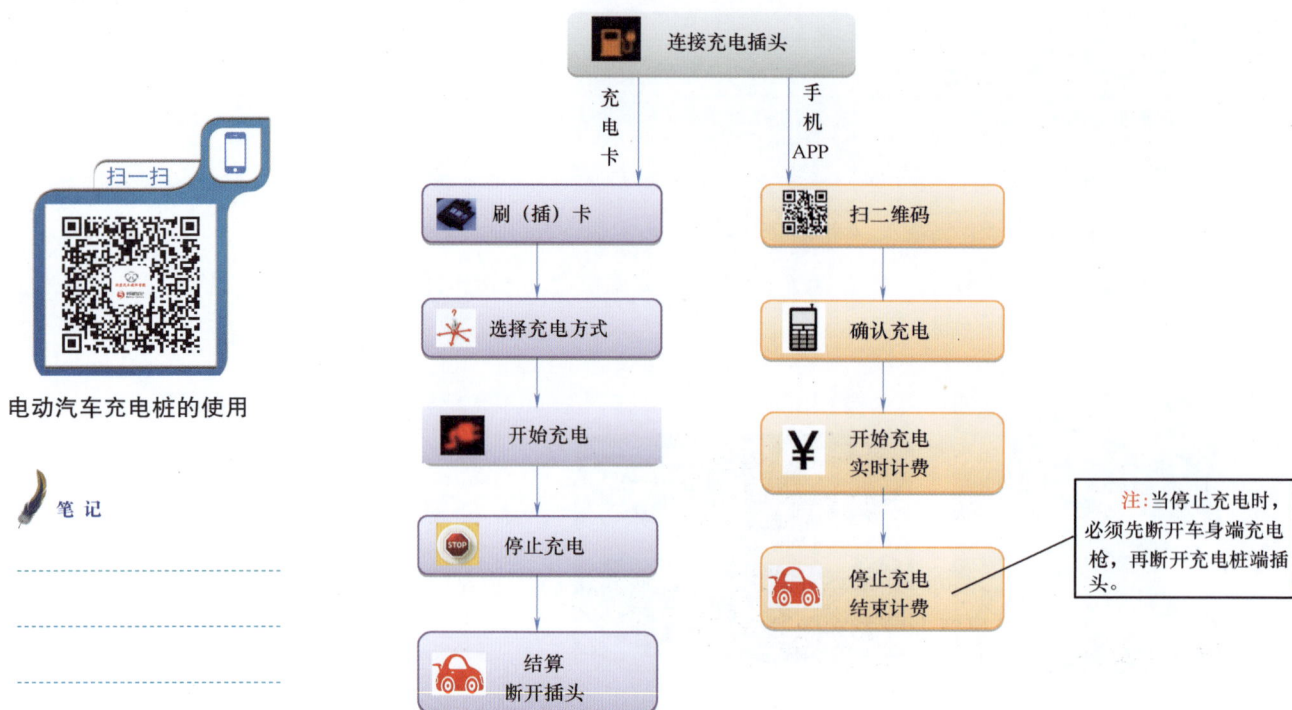

图 2-38　电动汽车充电具体操作流程

注：当停止充电时，必须先断开车身端充电枪，再断开充电桩端插头。

图 2-39　汽车中控仪表板

图 2-40　车载充电机

　　电动汽车和手机一样都是使用的锂电池，对充电的规范性有较高的要求。使用电动汽车的过程中如果能够按充电的一些注意事项操作会很大程度上提高锂电池的使用寿命。那电动汽车充电系统有哪些注意事项呢？

1. 电动汽车是否每天都需要充电？

　　充电次数对于动力电池寿命没有直接关系，锂电池本身没有记忆功能，及时充放电可保持动力电池较好的充放电能力。冬季使用完后及时充电可确保动力电池处于一个较高温度，避免充电加热阶段，有效缩短充电时间。如果需要长期停放车辆，首先要断开蓄电池负极，动力电池电量最好在 50%～80% 时停放，同时每隔 1～2 个月对动力电池进行一次充放电，避免长期停放造成动力电池性能下降。

专业术语

充电周期：一个充电周期指的是锂电池一次完全充放电过程，即由一个满充电和一个满放电过程组成。锂电池一般有 300 ~ 500 个充电周期。锂电池寿命与其充电周期的完成次数有关，和锂电池充放电次数没有任何关系。锂电池充电也讲究"少吃多餐"，浅度充放电有助于延长其寿命。

充电次数 ≠ 充电周期

2. 雨天可以给电动汽车充电吗？

雨天尽量不要给电动汽车充电，如果有必要，在小雨天气可以充电，但要注意在拔插充电枪时要有雨具遮挡，防止雨水进入充电口。充电枪插牢后具有防水能力。

二、快充系统

快充顾名思义就是能够快速给电动汽车充满电的充电方法，使用非车载充电机采用大电流直接给动力电池充电，短时间内就能将动力电池电量充到 80% 左右。快速充电的电流一般在 150 ~ 400A，充电电压在 200 ~ 750V，充电功率大于 50kW。比如特斯拉的超级充电站可在 40min 内将动力电池电量充至 80%。

笔记

1. 为什么快充不能充满？

快充的控制策略是当动力电池某个单体达到设定电压时即停止充电，没有末端恒压小电流充电和电量修正，所以在车辆多次连续快充时会出现充不满现象，可以在使用快充后再用慢充充满即可。

2. 快充口在前格栅，如果发生追尾，是否会有漏电安全问题？

不会发生漏电安全问题，因为在快充口处设有车辆绝缘检测功能，漏电后会自动断电保护。

学习任务 5　清洁电动汽车

【学习目标】

【学习目标】

1. 掌握电动汽车外观清洗步骤、方法和注意事项。
2. 掌握电动汽车内室清洗步骤、方法和注意事项。
3. 掌握电动汽车机舱内清洁的方法和注意事项。

【任务描述】

孙小姐的 EV200 需要年检，此时正值当地的雨季，车身都是泥点，看不清楚车辆外观的情况，孙小姐决定去 4S 店先对她的爱车进行清洗。作为 4S 店的一名技师，你会如何清洗孙小姐的电动汽车呢？

【知识准备】

电动汽车和燃油汽车一样，使用一段时间后，车身都会变脏，需要清洗。除了驾驶方面有一些不同，电动汽车和燃油汽车的清洗也是有很大区别的。

一、车辆外观清洗

电动汽车外观的清洗和传统燃油汽车的清洗方法是一样的。正确清洗的步骤分为：冲车、喷清洗液、擦洗、冲洗、擦车、验车。

小贴士

电动汽车清洗过程中对车身表面、轮辋、轮胎的冲洗不会造成触电、漏电等安全问题，但是由于车辆快充口安装在前格栅处，因此在洗车时应尽量避免高压水枪直接对准前格栅冲刷。

为了防止前机舱内部进水，影响绝缘无法通电，电动汽车

各主要部件都已做防水试验，满足 IP67 防水防电等级标准。高压电池安装在车身底部，高压水流的冲击可能会造成水渗入高压电池箱影响绝缘，因此也应避免冲刷底盘。

1. 冲车

使用高压水枪清洗，冲水方向与车身漆面保持 30°～45°角，枪头与车身保持 16～60cm 范围内。清洗时应按车顶→车身前后及玻璃→后视镜→车轮挡泥板→轮胎→车门板下部和底盘的顺序冲洗。

2. 喷清洗液

车辆冲洗完后向车身喷洒泡沫清洗液。

3. 擦洗

手持海绵从上到下擦洗车身，保证无漏擦之处。

4. 冲洗

按第一步冲车的顺序用清水冲洗车身。

5. 擦车

首先用一块半湿的长抹布从车前向车后擦拭，然后按照正确的方法将整个车从前至后从上到下擦一遍。打开车门，擦净车门及边框处的水，然后抹布洗净拧干擦拭前后风窗玻璃和车门玻璃。

6. 验车

擦完后要求车身干净无漏擦，门边干净无水渍、污渍。

二、驾驶室内清洗

经过长期使用，驾驶室内座椅表面的污渍、脚垫上的烟灰、仪表盘上的灰尘等都会影响驾驶室内美观。因此需要定期对驾驶室内进行清洁。

1. 除尘

用吸尘器按由上而下的顺序清除各部件上的灰尘，除尘前需要将车内杂物取出。

2. 清洗

驾驶室内清洁根据各部位材质不同，选择不同的清洗液，按从上到下的顺序清洗：车内顶棚→仪表台→转向盘套→内门板→车内座椅→安全带→脚垫。

注意事项

　　对车内饰清洗时，要用中性的洗涤液进行清洗，千万不要用含有较强酸碱性的物质清洗。在清洗时要注意避免音响、收音机、CD 等电器设备进水而受到腐蚀。

3. 除菌、除臭

　　将专用杀菌剂喷涂在座椅、脚垫等处，清除异味并抑制细菌的滋生。

三、机舱内清洗

　　若进行机舱内的清洁（图 2-41），需先关闭点火开关 10min 后用干布擦拭。机舱内布置了很多的高压设备，如充电机、高压控制器、高压线束插头，禁止掀开机舱盖冲洗，否则会造成高压部件各插接件受潮，导致车辆出现绝缘故障，无法行驶。

图 2-41　机舱内清洁

注意事项

　　擦拭时也不得使用潮湿的抹布接触高压部件，确实有必要清洁机舱时，尽量单手操作，同时不要手扶车身。如果检查线路插头部位，发现生锈，应使用专业清洗剂处理。

动力电池系统的检查与维护

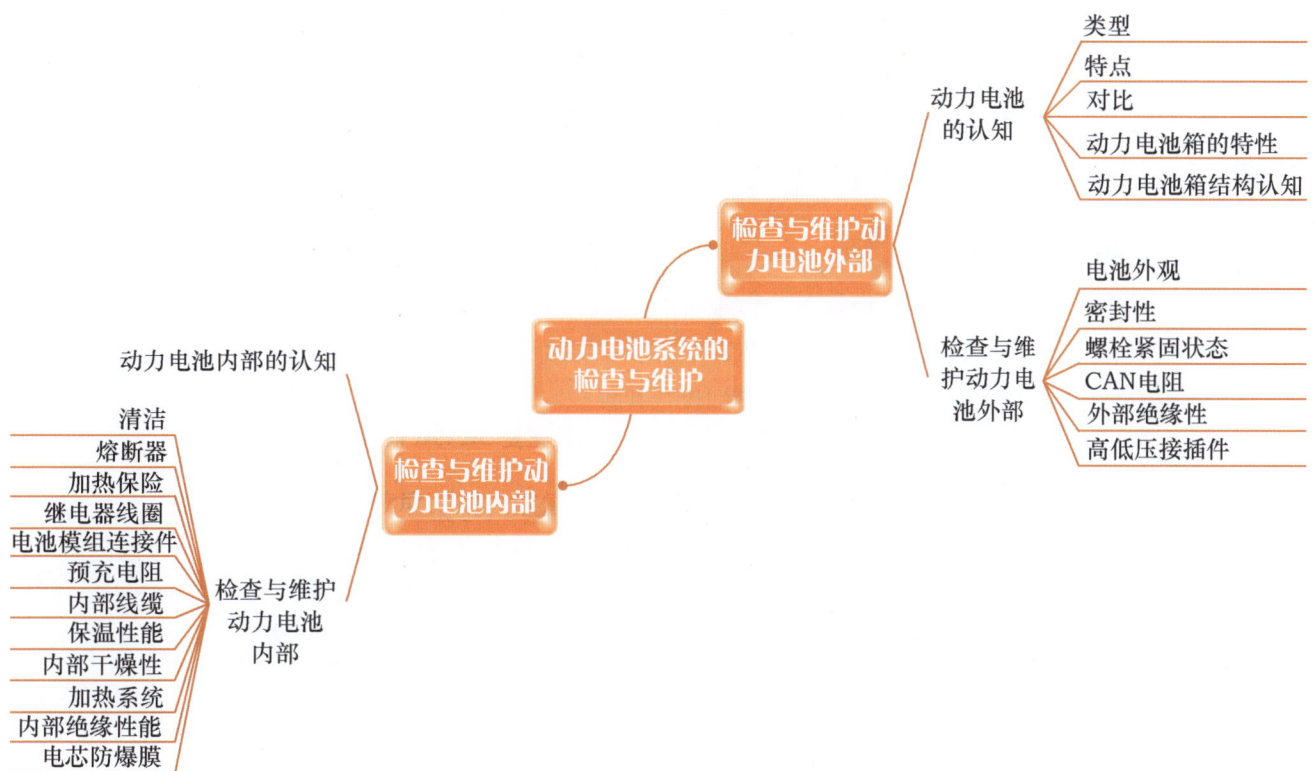

动力电池的认知
- 类型
- 特点
- 对比
- 动力电池箱的特性
- 动力电池箱结构认知

检查与维护动力电池外部
- 电池外观
- 密封性
- 螺栓紧固状态
- CAN电阻
- 外部绝缘性
- 高低压接插件

动力电池系统的检查与维护

检查与维护动力电池内部

动力电池内部的认知

检查与维护动力电池内部
- 清洁
- 熔断器
- 加热保险
- 继电器线圈
- 电池模组连接件
- 预充电阻
- 内部线缆
- 保温性能
- 内部干燥性
- 加热系统
- 内部绝缘性能
- 电芯防爆膜

【学习目标】

1. 了解动力电池类型、特点和相关性能。
2. 了解动力电池外部结构和特性。
3. 掌握动力电池外部的检查与维护。

【任务描述】

　　王先生驾驶着自己的 EV200 行驶在起伏不平的路时不小心磕到底盘了，不知道动力电池是否会受影响，便到 4S 店进行咨询。为了确保车辆的正常行驶，售后顾问建议及时检查动力电池是否存在故障或安全隐患。作为 4S 店的一名技师在接到这个任务后，应该如何做好动力电池的外部检查与维护？

【知识准备】

　　动力电池是由许多单体电池组成的，为了确保电动汽车的安全性能，保证电动汽车在复杂路况下行驶时安装在底盘上的动力电池不被损坏，需要对动力电池外部做好相应的防护措施，并定期进行检查和维护。

一、动力电池的认知

你对动力电池知道多少？

　　动力电池作为整个电动汽车的动力源，它取代了传统燃油汽车的石油能源，相当于电动汽车的"心脏"，它为整车提供持续稳定的能量，驱动车辆行驶。

1. 动力电池的类型

　　应用于电动汽车上的动力电池类型有很多，主要有：铅酸电池、镍氢电池、镍镉电池、锂离子电池、石墨烯电池等。动力电池的类型如图 3-1 所示。

2. 动力电池的特点

　　动力电池的特点见表 3-1。

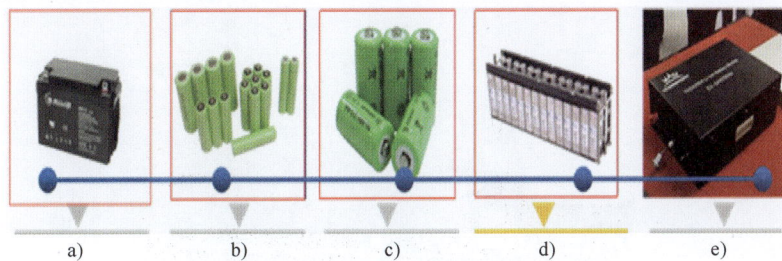

图 3-1　动力电池的类型

a）铅酸电池　b）镍氢电池　c）镍镉电池　d）锂离子电池　e）石墨烯电池

表 3-1　动力电池的特点

名　称	优　点	缺　点	应　用
铅酸电池	成本低	能量和功率低，笨重	电动自行车
镍镉电池	结实、成本低	容量小、寿命短、污染严重	已淘汰
镍氢电池	安全性较好、寿命较长	成本高	混合动力汽车（如丰田普锐斯）
锂离子电池	能量密度较高、自放电率低、使用寿命长	成本高	电动汽车（如特斯拉、EV200）
石墨烯电池	成本低、能量密度高、充电快	—	—

3. 常用锂离子电池性能对比

目前由于锂离子电池具有能量密度高、大功率充放电能力强等优点，已逐渐成为电动汽车动力电池的首选。根据正负极材料的不同，电动汽车上常用的锂离子电池有：锰酸锂电池、钴酸锂电池、磷酸铁锂电池和三元锂电池，它们性能对比如图 3-2 所示。

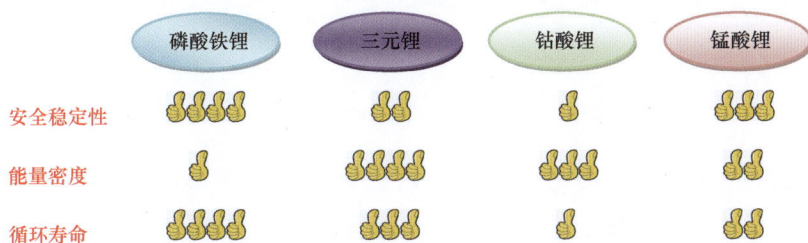

图 3-2　锂离子电池性能对比

从图 3-2 中可以看出磷酸铁锂和三元锂两种电池的性能相对较好，磷酸铁锂具有较好的安全稳定性，三元锂能量密度高决定了其具有较好的续航里程，这两种电池类型也是目前电动汽车上使用较多的。

4. 动力电池箱结构认知

动力电池箱是支撑、固定和包围动力电池系统的组件，起到承载和保护动力电池组及内部电器元件的作用，主要包含上盖、下托盘和托盘压条螺钉等，还包括辅助器件，如过渡件、护板、螺栓和动力电池标识等，动力电池外部箱体结构如图 3-3 所示。

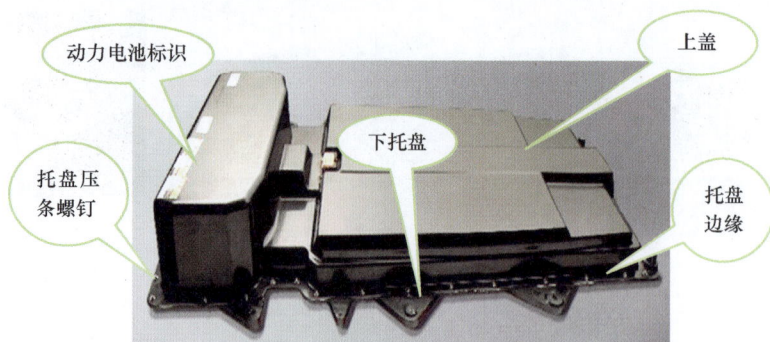

图3-3　动力电池外部箱体结构

知识拓展

　　每辆电动汽车的动力电池上都贴有标识牌，用来表征动力电池的特征。标识牌上有动力电池型号、生产日期、动力电池材料、额定电压、额定能量、条码和重量等信息，如图3-4所示。

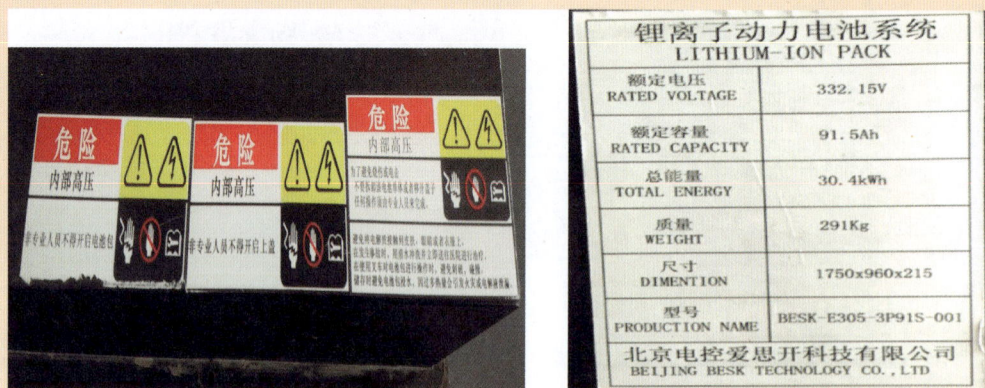

锂离子动力电池系统 LITHIUM-ION PACK	
额定电压 RATED VOLTAGE	332.15V
额定容量 RATED CAPACITY	91.5Ah
总能量 TOTAL ENERGY	30.4kWh
质量 WEIGHT	291Kg
尺寸 DIMENTION	1750x960x215
型号 PRODUCTION NAME	BESK-E305-3P91S-001
北京电控爱思开科技有限公司 BEIJING BESK TECHNOLOGY CO.,LTD	

图3-4　动力电池的标识牌

5. 动力电池箱的特性

　　动力电池箱体用螺栓联接在车身底盘下方，由于汽车的运行环境多变，因此对动力电池箱的散热、防水、绝缘和安全等设计要求都很高。动力电池箱体的上盖和下托盘结合处必须符合防水条件，例如北汽EV200电池箱体的防护等级为IP67；动力电池箱体表面也不得有划痕、焊缝、毛刺和残余油迹等。

你知道吗

　　IP67是指防护安全级别。IP后面有两个数字，第一个是指固态防护等级，范围是0~6；第二个是液态防护等级，范围是0~8，数值越大，说明防护等级越高，越安全。电动汽车IP67的防护等级表明外界任何灰尘都无法进入整个动力电池箱体，在常温常压下，如果电动汽车涉水深度<1m，时间<30min，也不会对车辆造成影响。

二、检查与维护动力电池外部

动力电池是整个电动汽车的动力源，不仅要保证动力电池安全可靠的使用，而且要充分发挥动力电池的能力，保证动力电池的使用寿命。动力电池外部动力电池箱的好坏对动力电池内部具有较大影响，在电动汽车维护时，需要对动力电池外部进行检查与维护。

1. 检查与维护前的准备工作

检查与维护高压部件之前应先断开高低压电，断电流程如下：

1）关闭点火开关，拔下钥匙，如图 3-5 所示。

图 3-5　拔下钥匙

扫一扫

6 招教你如何检查动力电池的外观

注意事项

当仪表显示 READY 档位时，高压通电，此时切勿拆卸高压部件，否则有生命危险。所以在拆卸动力电池之前，要确保拔下钥匙，自行收好，并在车上放置工作牌。

2）拆下低压蓄电池负极，使用绝缘胶带包好，断开整车低压控制电源，如图 3-6 所示。

笔记

图 3-6　断开低压蓄电池负极

断开整车高压电，防止动力电池高压电输出。由于 EV200 电动汽车采用了高压互锁装置，即断开低压时，通过低压信号控制能够同时将高压回路切断。所以为安全起见，务必要卸下蓄电池负极。

3）佩戴绝缘手套，断开动力电池高压维修开关，如图 3-7 所示。

笔记

图 3-7　动力电池维修开关

4）当车辆举升到需要的高度时，举升机要锁止安全锁，如图 3-8 所示。

图 3-8　车辆举升至需要高度

5）拆下动力电池总正、总负和低压线束插头，如图 3-9 所示。

图 3-9　拆下动力电池高压插接件

注意事项

佩戴绝缘手套，拆下线束插头后，使用放电工装进行放电。

2. 检查动力电池外观

1）动力电池外观检查流程如图3-10所示。

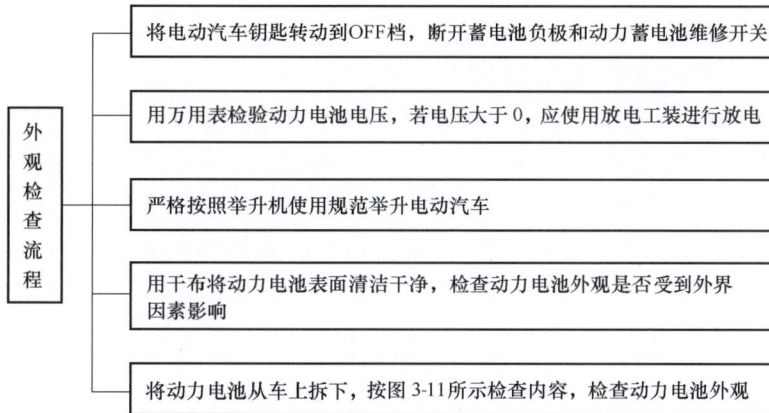

外观检查流程
- 将电动汽车钥匙转动到OFF档，断开蓄电池负极和动力蓄电池维修开关
- 用万用表检验动力电池电压，若电压大于0，应使用放电工装进行放电
- 严格按照举升机使用规范举升电动汽车
- 用干布将动力电池表面清洁干净，检查动力电池外观是否受到外界因素影响
- 将动力电池从车上拆下，按图3-11所示检查内容，检查动力电池外观

图 3-10　动力电池外部检查流程

2）动力电池外观检查内容如图3-11所示。

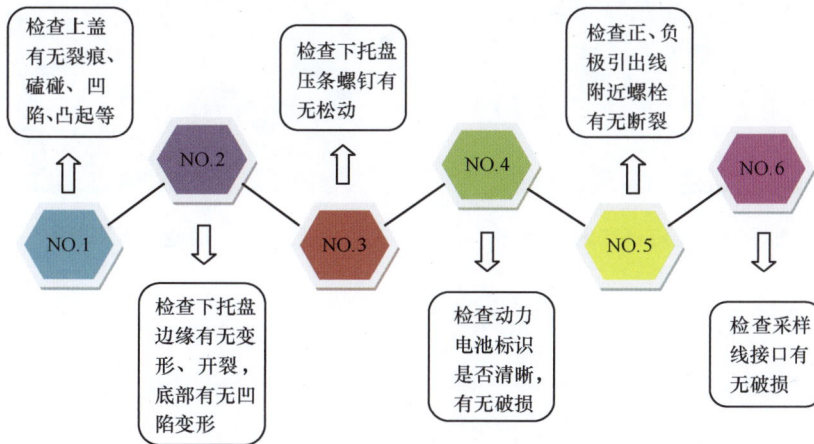

NO.1 → NO.2：检查上盖有无裂痕、磕碰、凹陷、凸起等

NO.2 → NO.3：检查下托盘边缘有无变形、开裂，底部有无凹陷变形

NO.3 → NO.4：检查下托盘压条螺钉有无松动

NO.4 → NO.5：检查动力电池标识是否清晰，有无破损

NO.5 → NO.6：检查正、负极引出线附近螺栓有无断裂

NO.6：检查采样线接口有无破损

图 3-11　动力电池外观检查内容

注意事项

1）在进行举升车辆作业时严格按照举升机使用规范进行操作，如图3-12所示。

2）小组作业时必须注意人员、车辆及设备安全使用规范。

图 3-12　按照举升机使用规范进行操作

3. 检查动力电池箱的密封性能

检查动力电池箱密封性的目的是保证动力电池箱密封性能良好，防止进水，影响通信。通过真空检漏法，检查密封条的密封情况。以 VOLVO 混动的电池为例，其密封性检查步骤如下：

1）连接真空表组件及气泵管路，如图 3-13 所示。

2）调节气压在 400kPa 左右，如图 3-14 所示。

3）打开真空表组开关，抽真空 3～5min，如果负压达不到 −40kPa 读数，说明密封不严。

4）如果负压真空度达到 −40kPa 读数，应关闭真空表组开关，保持 10min 左右，检查负压真空度应该在 −10kPa 读数以内，说明密封性能良好。

5）若无真空负压或回到 0 读数时，说明密封不严，需要检查动力电池箱盖螺栓是否紧固。

6）如果动力电池箱盖螺栓紧固为正常力矩，则需要更换密封条。

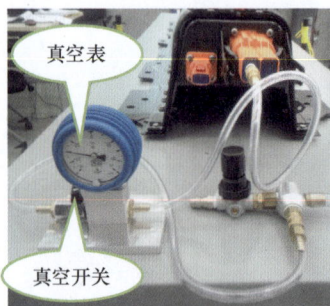

图 3-13　连接真空表组件　　图 3-14　调整气压调节阀

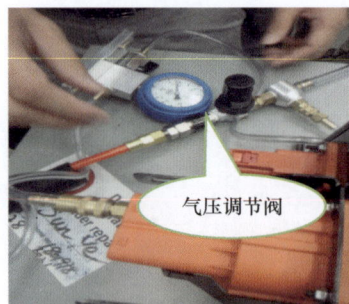

4. 检查动力电池螺栓的紧固状态

检查动力电池螺栓紧固是否可靠，用扭力扳手按规定次序和力矩紧固螺栓，按维修手册要求力矩紧固螺栓，如图 3-15 所示。

图 3-15　检查动力电池螺栓

5. 检查动力电池外部高低压插接件

检查动力电池外部高低压输出插接件线束及插接件连接应无松动、破损、腐蚀等问题，如图 3-16 所示。

1）检查动力电池高低压插接件连接可靠，无变形、松脱、过热、损坏等情况，要求如下：

① 检查用电器插件与线束插件是否对插，并检查是否对插到位。

② 检查线束与插针是否连接牢固，插件内插针是否出现退针、插针弯曲等异常现象。

图 3-16　动力电池高压输出插接件锁位置

2）检查动力电池高压插接件与高压控制盒输入插接件是否正常，如图 3-17 所示。

图 3-17　检查动力电池与高压控制盒输入插接件

6. 检查动力电池外部绝缘性

为了避免动力电池漏电，防止线路及内部短路，需要对动力电池高压母线的绝缘性能进行检查。以北汽 EV200 为例检查总正、总负搭铁的绝缘电阻。将钥匙转动到 OFF 档，在高低压断电及电容放电以后，拔下高压母线，根据图 3-18 所示端口针脚定义，用数字绝缘表 DC1000V 分别检测总正、总负搭铁电阻值，如图 3-19 所示。

1）将绝缘表黑表笔接于车身，红表笔测量 1 端子正极绝缘状态为 550MΩ，大于标准值 1.4MΩ，如图 3-19a 所示。若不合格则需修复或更换。

2）将绝缘表黑表笔接于车身，红表笔测量 2 端子负极绝缘状态为 550MΩ，大于标准值 1.0MΩ，如图 3-19b 所示。若不合格则需修复或更换。

高压负极输出　　　　　　　　高压正极输出

图 3-18　动力电池高压输出电缆端针脚定义

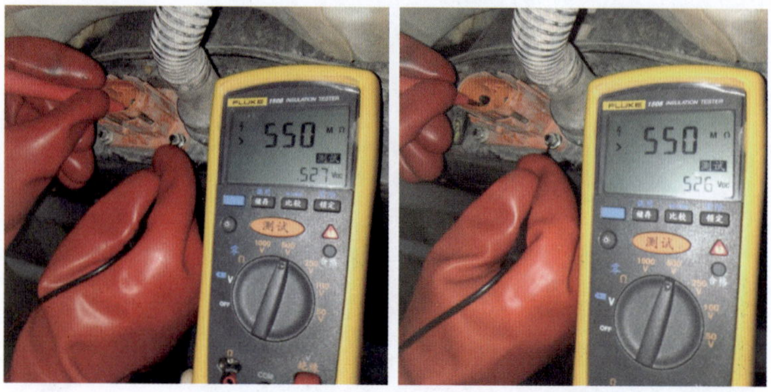

a)　　　　　　　　　　　　b)

图 3-19　检测动力电池高压输出绝缘电阻

a) 正极搭铁电阻　b) 负极搭铁电阻

7. 检查 CAN 电阻

为确保电动汽车通信质量，在整车高低压断电、放电后，根据图 3-20 所示端口针脚定义，用万用表欧姆档测量新能源 CAN H 对新能源 CAN L 电阻，若阻值为 120Ω 左右，则 CAN 网络电阻正常，否则需要修复或更换。

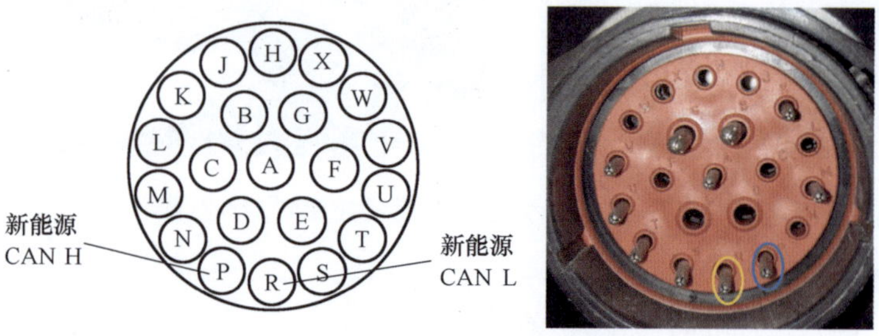

新能源 CAN H　　　　　　　新能源 CAN L

图 3-20　动力电池低压线束端针脚定义

学习任务2　检查与维护动力电池内部

动力电池内部的结构和特点有哪些?

【学习目标】

1. 了解动力电池内部结构和特性。
2. 掌握动力电池内部的检查与维护。

【任务描述】

李先生的一辆 EV200 电动汽车有时会出现无法行驶的偶发性故障,当出现故障时发现仪表动力电池故障指示灯点亮,到 4S 店后,售后人员说需要从车上拆卸动力电池,对动力电池内部进行检查,作为一名技师应该如何对动力电池内部进行检查和维护呢?

【知识准备】

电动汽车出现偶发性动力电池故障,警告灯点亮,专业技术人员通过数据采集系统检测,诊断为动力电池内部系统存在偶发性故障。在实际工作中,必须遵守高压安全操作规程,认真仔细地查找出问题,并及时排除故障隐患。

一、动力电池内部的认识

动力电池内部主要由动力电池模组、电池管理系统(BMS)和辅助元器件等组成。普莱德电池系统的组成如图 3-21 所示,SK 电池系统的组成如图 3-22 所示。

辅助元器件主要有熔断器、总正继电器、总负继电器、分流器(电流传感器)、插接件、紧急开关、烟雾传感器、预充继电器和预充电阻等。SK 动力电池部分辅助元器件如图 3-23 所示。

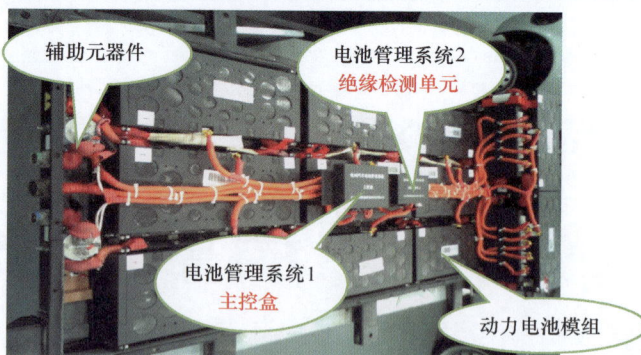

图 3-21　普莱德电池系统的组成

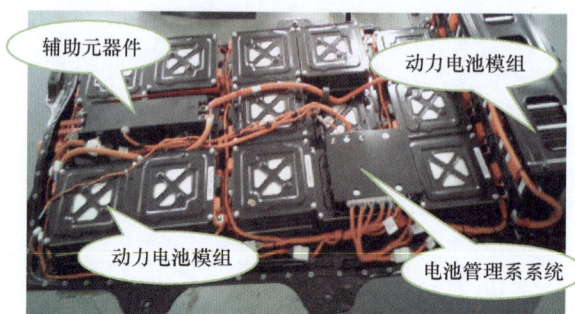

图 3-22　SK 电池系统的组成

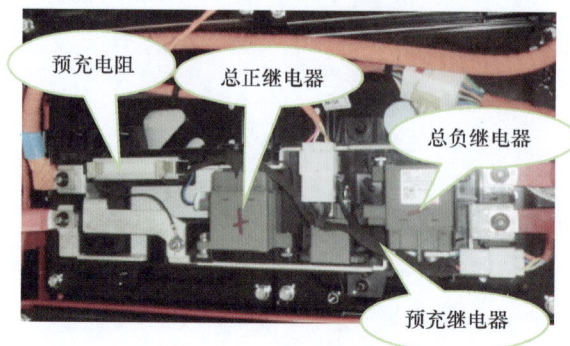

图 3-23　SK 动力电池部分辅助元器件

知识拓展

1）电流传感器。电流传感器用来监测充、放电电流的大小。

2）维修开关。维修开关是保证电动汽车高压电气安全的关键部件，维修开关位于动力电池组箱体的中间位置。

3）熔断器。维修开关内部装有电压 500V（250A）熔断器（加热保险），在高压系统出现短路危险时，内置熔断器熔断来保护高压系统的安全。

4）温度传感器。温度传感器实时监测动力电池温度，避免动力电池温度过高。

二、检查与维护动力电池内部

（重要提示：在对电动汽车高压部件进行维护保养之前，一定要做好高压安全防护准备。）

1. 清洁动力电池箱内部

动力电池箱内部粉尘较多，会影响正常通信，可以用高压气枪清理内部粉尘。

2. 检查与维护熔断器

检查熔断器状态是否良好，能否正常工作。用万用表通断档测量熔断器通断，如损坏应予以更换。

3. 检查与维护加热保险及电流传感器

检查加热保险及电流传感器工作性能，确保车辆正常通电；使用万用表测量加热保险及电流传感器是否导通。电流传感器与加热保险如图 3-24 所示，损坏应予以更换。

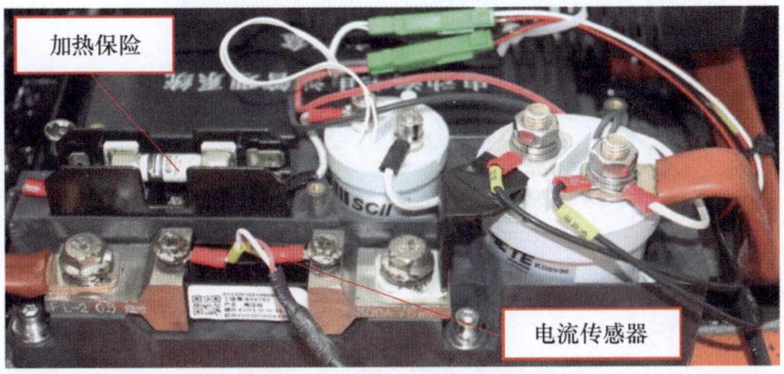

图 3-24　电流传感器与加热保险

4. 检测与维护继电器线圈

为确保总正、总负继电器能正常工作，防止继电器损坏导致车辆无法正常通电。使用万用表欧姆档检测总正和总负继电器的线圈电阻，如图 3-25 所示，如损坏应予以更换。

图 3-25　检测动力电池总正与总负继电器线圈电阻

扫一扫

10 招教你如何检查动力电池的内部

笔记

5. 检查与维护预充电阻

预充电阻能够限制预充电流的大小，避免电路短路。因此预充电阻能否可靠工作直接影响了动力电池的性能，需要对其进行检查。用万用表欧姆档检测预充电阻的电阻值是否正常，阻值为40Ω左右，如图3-26所示，如损坏应予以更换。

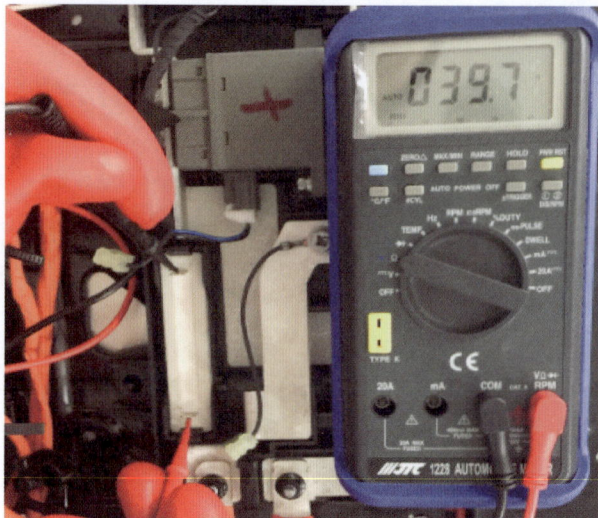

图3-26　检测动力电池内部预充电阻

6. 检查与维护内部线缆

检查动力电池内部高压线缆，确保连接可靠，防止动力电池内部线缆出现故障，影响电动汽车正常通电。维护人员佩戴绝缘手套检查插件线缆是否有破损、挤压、漏电等情况，如图3-27所示，若有，则修复或更换。

图3-27　检查动力电池内部高压线缆

知识拓展

当检查电压采集线时，为防止电压采集线破损，导致测试数据不准，可以将采集线从插接件上打开再安装一次。

7. 检查与维护动力电池模组连接件和安装点

为防止动力电池模组联接紧固螺钉松动，确保动力电池模组电路连接可靠，需使用绝缘套筒及扭力扳手检查并紧固动力电池模组各联接螺栓，要求检查完成后做好极柱绝缘，如图 3-28 所示，若未达到要求，则修复或更换。

图 3-28　检查动力电池模组连接件

8. 检查与维护动力电池的保温性能

检查动力电池内部保温材料的完整性可以确保冬季动力电池内部温度的可靠性，避免动力电池温度过低加速电量损耗。如图 3-29 所示，检查动力电池内部边缘保温棉是否脱落、损坏等，若损坏则需修复或更换。

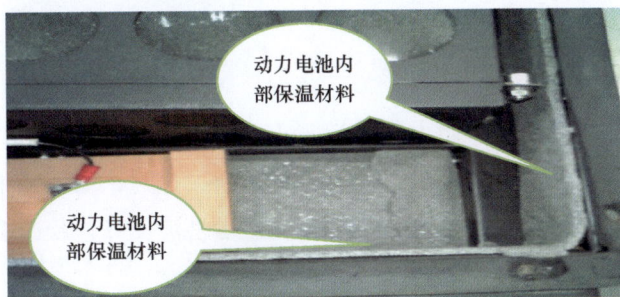

动力电池内部保温材料

动力电池内部保温材料

图 3-29　检查动力电池内部保温性能

素质养成：注重培养自身牢固的安全意识，对于高压部件，严格按照企业高压安全操作的要求进行操作。

🚗 知识拓展

动力电池温度类常见故障一般表现形式：车辆上不了 OK/READY 档，仪表板提示动力电池温度过高。出现温度报警后，首先需考虑管理器、连接线束等因素，更换管理器、管理器与动力电池连接采样线束等，若故障仍存在，则判断为动力电池故障。

9. 检查与维护动力电池内部干燥性

检查动力电池箱内部干燥性，确保动力电池箱内部无积水。打开动力电池箱，目测观察动力电池箱内部是否有积水，并用绝缘表测量动力电池箱绝缘性能。

10. 检查与维护电芯防爆膜及外观

为防止电芯损坏导致漏电影响动力电池性能，需要检查电芯防爆膜、电芯外观绝缘是否破损，如有损坏应修复或更换，如图3-30所示。

图3-30 电芯防爆膜

11. 对动力电池箱内部温度采集点检查

为保证电池管理系统能够采集到合理的内部温度，测温点正常工作，需要将ECU监控温度与红外热像仪温度进行对比，检查温度传感器精度。

12. 检查动力电池加热系统

冬季温度较低，电量损耗速度快，因此需要确保动力电池加热系统正常工作。将动力电池箱通12V电压，打开专用监控软件，启动加热系统，观察风扇能否正常工作。

13. 检查动力电池内部绝缘性能

动力电池是整个电动汽车的动力源，为防止动力电池箱内部短路，需要检查动力电池内部的绝缘性能。将动力电池箱内部高压控制盒插头打开，用数字绝缘表DC 500V档测试总正、总负搭铁阻值，若阻值≥500Ω/V，则绝缘性能良好，若达不到则需要更换。

知识拓展

如何使用万用表检测动力电池绝缘性？

第1步：用万用表电压档测量动力电池正极与车身电压U_1，如图3-31所示。

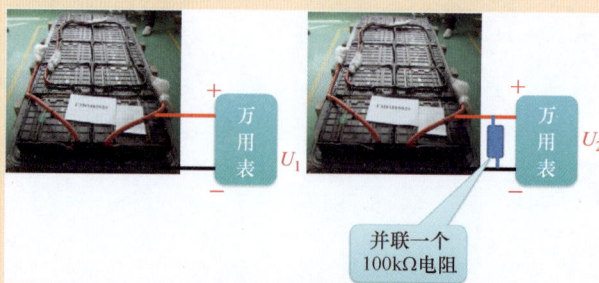

图3-31 使用万用表检测动力电池绝缘性

第2步：并联一个电阻后，用万用表电压档再次测量正极与车身电压 U_2，如图3-31所示。

第3步：根据公式计算判断动力电池绝缘性能。

$$\frac{\dfrac{U_1-U_2}{U_2}R}{\text{动力电池当前总电压}}\geqslant 500\Omega/\text{V}\quad\Longrightarrow\quad \text{绝缘性良好}$$

$$\frac{\dfrac{U_1-U_2}{U_2}R}{\text{动力电池当前总电压}}\leqslant 500\Omega/\text{V}\quad\Longrightarrow\quad \text{漏电}$$

驱动电机系统的检查与维护

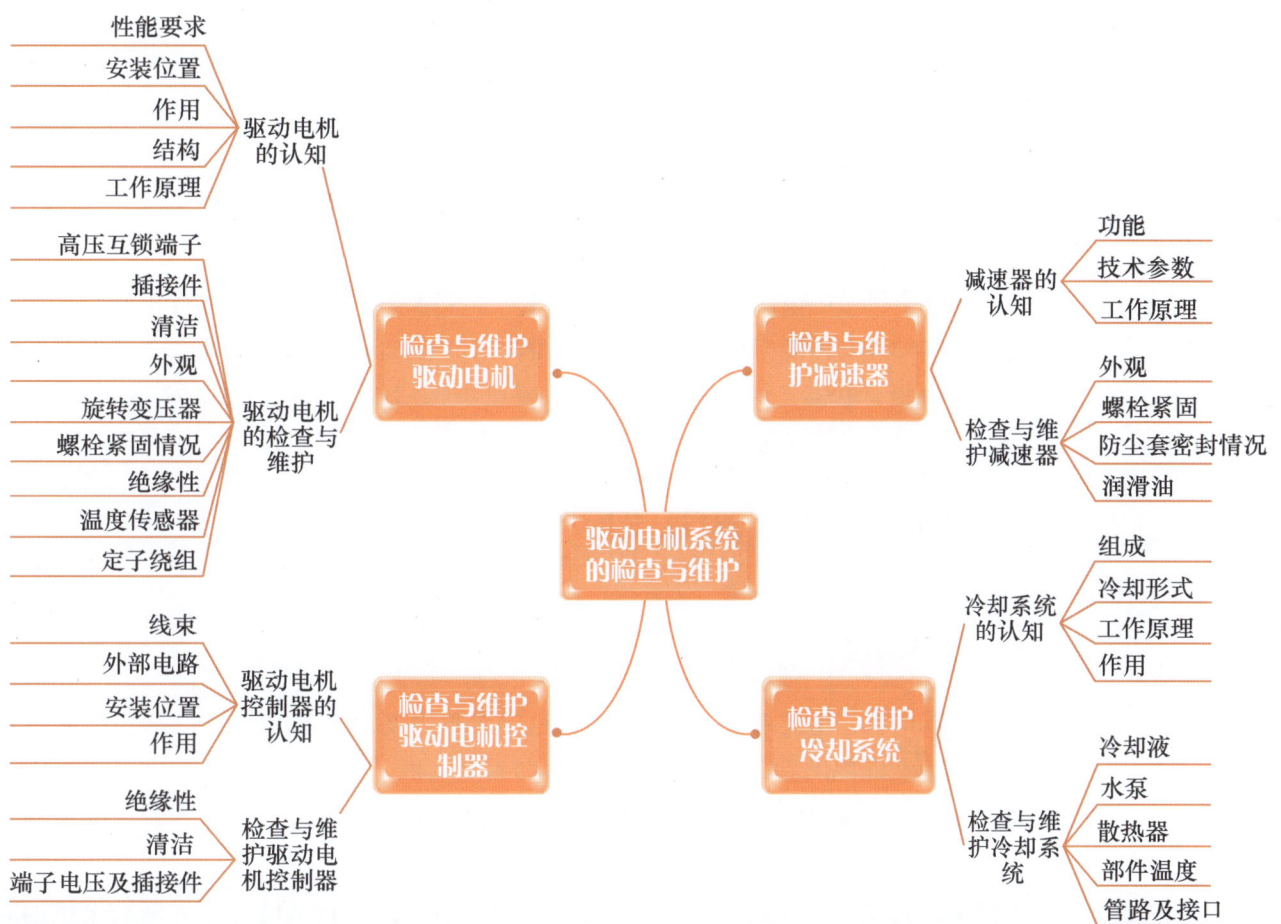

性能要求
安装位置
作用
结构
工作原理
　　驱动电机
　　的认知

高压互锁端子
插接件
清洁
外观
旋转变压器
螺栓紧固情况
绝缘性
温度传感器
定子绕组
　　驱动电机
　　的检查与
　　维护

线束
外部电路
安装位置
作用
　　驱动电机
　　控制器的
　　认知

绝缘性
清洁
端子电压及插接件
　　检查与维
　　护驱动电
　　机控制器

检查与维护
驱动电机

检查与维护
驱动电机控
制器

驱动电机系统
的检查与维护

检查与维
护减速器

检查与维护
冷却系统

功能
技术参数
工作原理
　　减速器的
　　认知

外观
螺栓紧固
防尘套密封情况
润滑油
　　检查与维
　　护减速器

组成
冷却形式
工作原理
作用
　　冷却系统
　　的认知

冷却液
水泵
散热器
部件温度
管路及接口
　　检查与维
　　护冷却系
　　统

学习任务1　检查与维护驱动电机

【学习目标】

1. 掌握驱动电机的作用、位置和性能要求。
2. 了解驱动电机的结构和工作原理。
3. 掌握检查与维护驱动电机的方法和注意事项。

【任务描述】

近期，北汽4S店举行"乐享一夏，E起深呼吸"到店免费检测活动，李先生的EV200应邀回店参加免费检查活动。此时需要你作为维修人员协助技师按照规范程序，对车辆进行夏季常规检查活动中驱动电机的检查与维护项目。

【知识准备】

驱动电机是电动汽车三大核心部件之一，是车辆行驶的主要执行机构，其特性决定了车辆的主要性能指标，直接影响车辆动力性、经济性和舒适性。电动汽车的电驱动系统由驱动电机、驱动电机控制器、减速机构和冷却系统组成，通过高低压线束、冷却管路，与整车其他系统连接。

一、驱动电机的认识

1. 驱动电机的作用

驱动电机、电控系统、动力电池是电动汽车的核心部分，称为"三电"。在电动汽车上驱动电机替代了传统汽车上的发动机和发电机，如图4-1所示。内燃机通常是把化学能转化为机械能驱动车辆行驶。而驱动电机既可以将电能转化为机械能驱动车辆行驶，也可作为发电机将机械能转化为电能并存储在蓄电池上。

按照驾驶人的意图，电机控制器将动力电池的高压直流电转变成驱动电机的高压三相交流电，从而使驱动电机产生旋转力矩，并通过传统装置将驱动电机的旋转运动

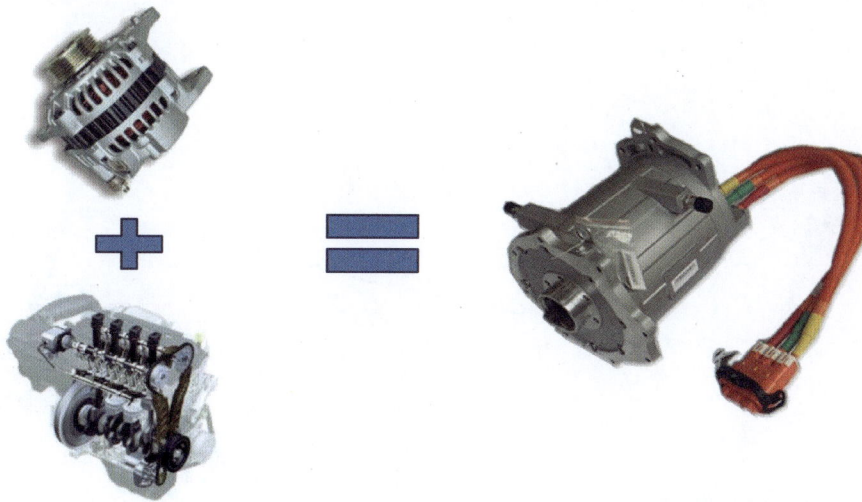

图 4-1　驱动电机与传统发动机功能对比

传递给车轮，实现车辆的行驶，图 4-2 所示为驱动电机动力输出示意图。

扫一扫

驱动电机的种类和特点

笔 记

图 4-2　驱动电机动力输出示意图

目前，驱动电机不仅可以驱动车辆行驶，而且可以进行制动能量回收，图 4-3 所示为驱动电机制动能量回收示意图。驱动电机在制动、缓慢减速时，整车 ECU 发出相应指令使驱动电机转为发电机发电工况，此时驱动电机会将车辆动能转化为电能，通过驱动电机控制器以电能形式向动力电池充电。

2. 驱动电机的安装位置

图 4-4 所示为北汽 EV200 驱动电机的安装位置，驱动电机装在前机舱动力总成支架下面，与减速器、传动半轴连接。

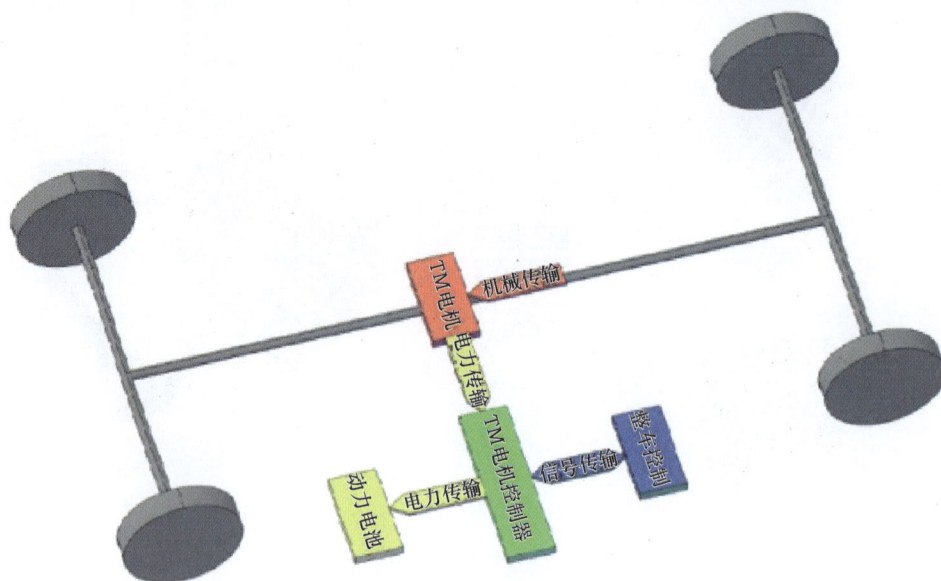

图 4-3 驱动电机制动能量回收示意图

图 4-4 北汽 EV200 驱动电机的安装位置

知识拓展

1) 找一找宝马第一款纯电动车 i3 驱动电机的位置,如图 4-5 所示。

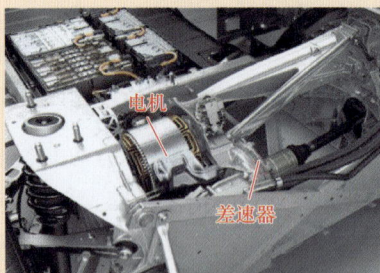

图 4-5 宝马第一款纯电动车 i3 驱动电机的位置

2）找一找电动卡丁车驱动电机的位置，如图4-6所示。

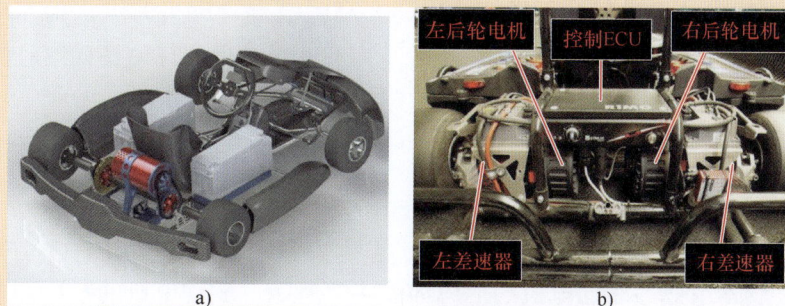

图4-6　电动卡丁车驱动电机的位置

3. 电动汽车驱动电机性能要求

北汽电动汽车使用的大洋电机技术参数见表4-1。

表4-1　大洋电机技术参数

技 术 指 标	技 术 参 数
类型	永磁同步电动机
基速	2812r/min
转速范围	0～9000r/min
额定功率	30kW
峰值功率	53kW
额定转矩	102N·m
峰值转矩	180N·m
重量	45kg
防护等级	IP67
尺寸（定子直径×总长）	ϕ245mm×280mm

电动汽车所采用的驱动电机是通过电磁感应让电机转动，从而实现对外输出动力。但是新能源汽车所采用的电机安装环境较狭小，其工作环境复杂多变且恶劣；振动大、冲击大、灰尘多、腐蚀严重、高温高湿且温度变化大，因此新能源汽车对驱动电机提出更高的要求。驱动电机具体性能要求如下：

1）较大的起动转矩和较大范围的调速性能。驱动电机除满足起动、加速、行驶、减速、制动等所需的功率与转矩外，还应具有自动调速功能，以减轻驾驶人的操纵强度，提高驾驶的舒适性，并且能够达到与内燃机汽车加速踏板同样的控制响应。

2）能够承受4～5倍的过载。驱动电机要满足短时加速行驶与最大爬坡度的要求，能够承受4～5倍的过载，高效率地回收电动车辆在制动时反馈的能量。

3）高电压、高转速、重量轻、体积小。驱动电机的设计参数要有利于提高电机的比功率、高转速，并尽量减小驱动电机的尺寸，减轻驱动电机的重量和各种控制装置及导线的横截面积，有利于在电动车辆上进行安装和布置，降低成本。

4）有良好的可靠性，耐高温和耐潮湿，运行时噪声低。电机要有良好的可靠性，耐高温和耐潮湿，运行时噪声低，可以在恶劣的环境条件下长时间运转。

5）驱动电机要结构简单、使用维修方便，适合批量生产。

4. 驱动电机的结构

以三相交流永磁同步电机为例，驱动电机主要由定子、转子、前后端盖和旋变传感器组成。驱动电机的拆解如图4-7所示，驱动电机的断面图如图4-8所示。

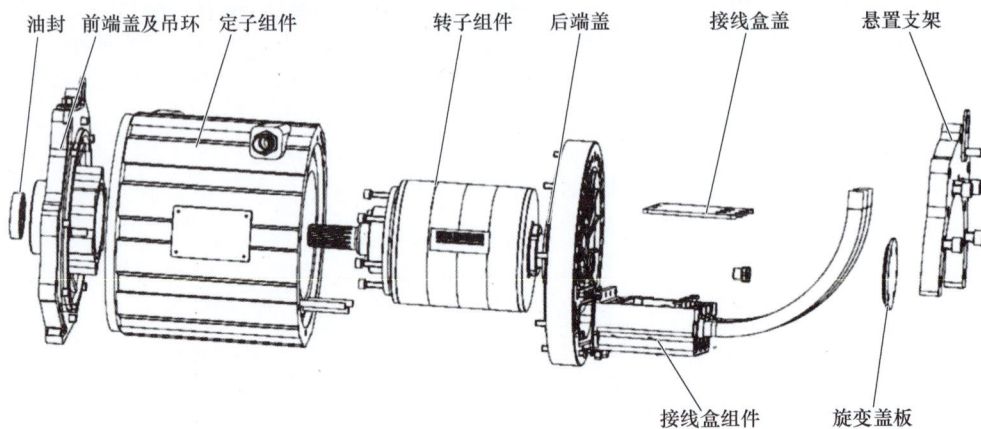

图 4-7　驱动电机的拆解

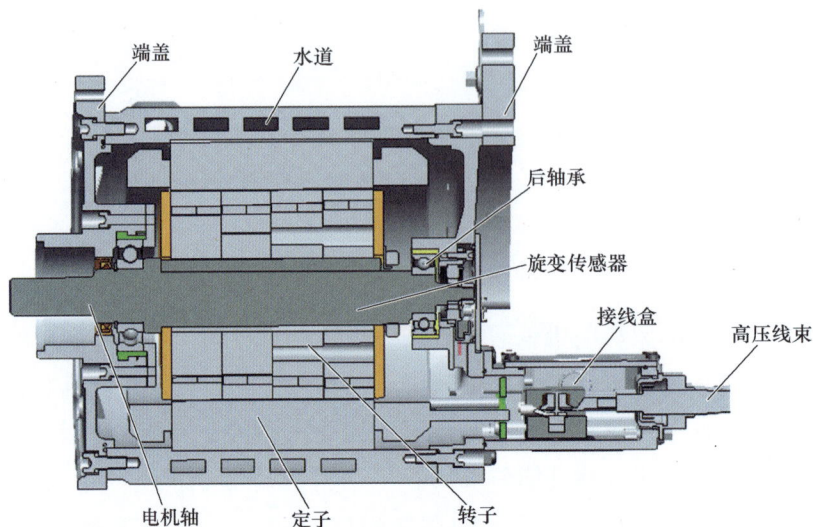

图 4-8　驱动电机的断面图

驱动电机内部的旋转变压器是一种电磁式传感器，驱动电机用它监测转子的转速和位置，并将此信号反馈给电机控制器，如图4-9所示。

为了防止驱动电机升温过快，新能源车辆驱动电机多采用液态冷却的方式，并配有温度传感器对驱动电机的工作温度进行实时监控，向整车控制器（VCU）反馈电机温度信号。驱动电机的温度传感器用以检测驱动电机的绕组温度，并提供散热风扇启动的信号。图 4-10 所示为 EV200 车型驱动电机的温度传感器，它采用 PT1000 型铂热电阻，它的阻值会随着温度的变化而改变。整车控制器根据电机温度信号会做出相应控制策略，包括冷却系统的大小循环控制、冷却系统风扇的低速控制、电机的过温保护策略控制。

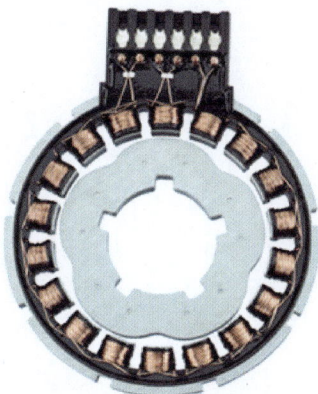

图 4-9 旋转变压器

图 4-10 EV200 车型驱动电机的温度传感器

知识拓展

1）**电机温度保护**。当电机控制器监测到驱动电机温度传感器显示：120℃≤温度＜140℃时，降功率运行；温度≥140℃时，降功率至0，即停机。

2）**电机控制器温度保护**。当电机控制器监测到散热基板温度为：温度＞85℃时，超温保护，即停机；85℃≥温度≥75℃时，降功率运行。

5. 驱动电机的工作原理

永磁同步电机的转子本身具有磁性，定子产生磁场，与转子磁场相互作用，产生电磁转矩，吸引转子同步旋转，定子磁场的形成需依据转子位置信息，以避免失步，当定子或转子的运行温度过高时，需要降功率或停机。

二、检查与维护驱动电机

（重要提示：在对电动汽车高压部件进行维护之前，一定要做好高压安全防护准备。）

注意事项

新能源汽车能否正常工作，很重要的因素就在于电机能否正常运转。驱动电机的工作取决于很多因素限制。很多人认为电动汽车不需要维护或者不知道怎么维护，等到驱动电机出现问题了，才去4S店进行维修。这样不仅要支付高昂的维修费用，而且会影响了驱动电机的使用寿命。

驱动电机系统维护周期

1）日常维护：1~2 次/周。

2）定期维护：1 次/6 个月或者 1 万 km。

日常检查和维护驱动电机方案

1）检查驱动电机的外观（需断电）。

2）清洁驱动电机（需断电）。

3）检查驱动电机插接件状态（需断电）。

4）检查车辆运行过程中驱动电机是否有异响；注意区分是机械噪声（类似"咔咔""嗒嗒"声），还是电磁噪声（类似"嗞—"的响声，频率高，刺耳），如果是后者，可暂时不考虑处理。

定期检查和维护驱动电机方案

1）检查驱动电机的外观（需断电）。

2）清除驱动电机（需断电）。

3）检查驱动电机插接件状态（需断电）。

4）检查驱动电机螺栓紧固情况。

5）检查驱动电机的绝缘情况。

6）检查车辆运行过程中驱动电机是否有异响；注意区分是机械噪声（类似"咔咔""嗒嗒"声），还是电磁噪声（类似"嗞—"的响声，频率高，刺耳），如果是后者，可暂时不考虑处理。

7）检查驱动电机与减速器轴花键状态，如花键表面油脂有流失，需及时补充（该操作可以 1 万 ~ 2 万 km 做一次）。

8）根据情况而定，可检查驱动电机定子绕组的阻值。

9）根据情况而定，可检查旋转变压器的阻值。

10）根据情况而定，可检查电机温度传感器的阻值。

1. 检查驱动电机的外观

1）检查驱动电机表面是否有油液污渍，是否存在漏液现象，如图 4-11 所示。

图 4-11　检查驱动电机有无泄漏

2）检查驱动电机的上水管和下水管有无裂纹和泄漏，如图 4-12 和图 4-13 所示。如果存在泄漏情况，请查找泄漏部位。

图 4-12　检查驱动电机的上水管

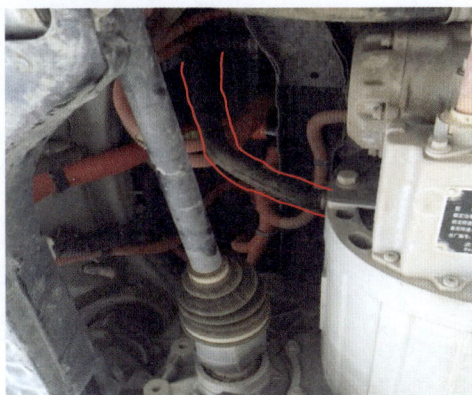

图 4-13　检查驱动电机的下水管

知识拓展

一般出现泄漏的地方主要集中在管路接口处、橡胶管路和金属结合面等。在检查泄漏情况时，注意查看以上各部分。

3）目测车身底部防护层、驱动电机是否有磕碰、损坏，如图 4-14 所示。

图 4-14　检查驱动电机有无磕碰、损坏

2. 清除驱动电机机座外部的灰尘、油泥

使用压缩空气或干布对驱动电机的外观进行清洁，如图 4-15 所示。

知识拓展

1）沾有油污的破布、抹布应统一回收至危险固体废弃垃圾桶。

2）现场施工垃圾应随时清理，统一收集至不可回收利用固废物垃圾桶。

注意：严禁使用水枪对驱动电机、电机控制器喷水清洗。

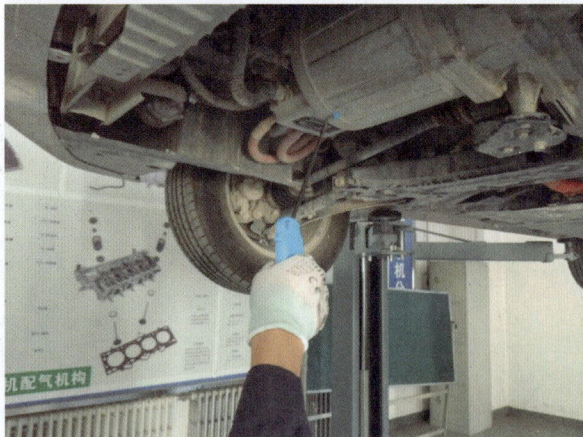

图 4-15　清洁驱动电机

3. 检查驱动电机的插接件状态

驱动电机涵盖高压插接件（三相交流）和低压插接件（19 针），图 4-16 所示为驱动电机高压插接件（三相交流），图 4-17 所示为驱动电机低压插接件（19 针）。

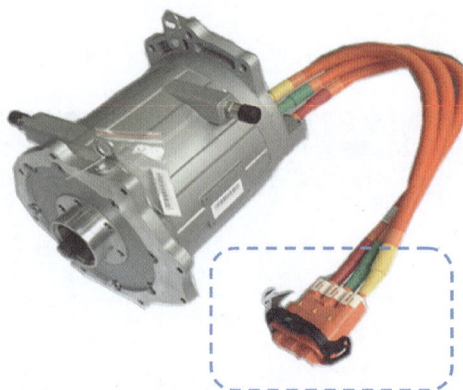

图 4-16　驱动电机高压插接件（三相交流）

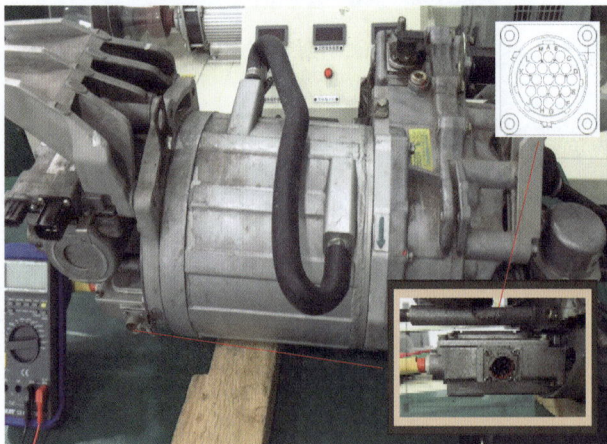

图 4-17　驱动电机低压插接件（19 针）

检查驱动电机插接件方法如下：

1）检查驱动电机高压插接件连接状态是否完好，目测各个插接件是否存在退针、变形、松脱、过热和损坏的情况，如发现以上情况应及时予以修理或更换，如图 4-18 所示。

图 4-18　驱动电机高压插接件

注意事项

> 　　驱动电机高压线束来自驱动电机控制器，高压线束分别是黄色高压线束三相交流 U 相、绿色高压线束三相交流 V 相、红色高压线束三相交流 W 相。

2）检查驱动电机低压插接件连接状态是否完好，目测各个插接件是否存在退针、变形、松脱、过热和损坏的情况，如发现以上情况应及时予以修理或更换，如图 4-19 所示。

图 4-19　驱动电机低压插接件

4. 检查驱动电机的螺栓紧固情况

图 4-20 所示为驱动电机各固定部分螺栓固定状态，驱动电机与变速器总成、右旋

笔记

置总成存在连接关系，并与车身二层支架存在连接关系。故检查驱动电机螺栓固定状态，需检查驱动电机与变速器总成安装力矩和右旋置总成安装力矩。

图4-20　驱动电机各固定部分螺栓固定状态

使用扭力扳手检查各固定螺栓固定力矩，如图4-21所示。

图4-21　检查驱动电机螺栓力矩

检查驱动电机各螺栓的固定力矩技术参数见表4-2。

表4-2　检查驱动电机各螺栓的固定力矩技术参数

名　称	力矩/N·m
驱动电机与变速器总成安装螺栓、螺母	25 ~ 30、9 ~ 11
驱动电机与右旋置总成安装螺栓	50 ~ 55

5. 检查驱动电机的绝缘情况

驱动电机在常规检查中必须检查该系统的绝缘性，其绝缘性能符合标准要求，驱动电机才能安全使用。检查驱动电机绝缘情况，其具体操作步骤如下：

1）查看驱动电机铭牌，根据电机的额定电压选择合适的绝缘表，绝缘表如图4-22所示。

2）检查绝缘表的好坏，选择合适的绝缘表档位，黑色导线接绝缘表"com"接线柱上，红色导线接绝缘表"V"或"绝缘"接线柱上。

3）测量电机搭铁绝缘。将绝缘表黑表笔搭铁，红表笔逐个测量驱动电机三相交流电U、V、W端子，如图4-23所示，U相、V相、W相的搭铁绝缘值应大于或等于100MΩ。

图 4-22　绝缘表

图 4-23　搭铁绝缘阻值测量

　　测量驱动电机三相交流电相间绝缘或搭铁绝缘前，首先要对绝缘表进行检验，确定绝缘表合格后才能进行测量。

6. 检查驱动电机定子绕组

　　检查驱动电机定子绕组，需要判断三相定子绕组之间有无通断，使用万用表测量驱动电机的定子绕组 U 和 V 之间、V 和 W 之间、W 和 U 之间阻值是否正常，如图 4-24 所示。

图 4-24　检测 U 和 V 两相阻值

　　用同样方法测量 U 相与 W 相端子的电阻值和 W 相与 V 相端子的电阻值。

知识拓展

　　三相电阻最大值（或最小值）与平均值之差，不得超过平均值的 ±(1~2.5)%。严格控制三相绕组电阻值允许偏差，可有效保证电机不致因绕组焊接不良、匝数错误而影响电机的安全运转。

7. 检查驱动电机旋转变压器

1）检查电机控制器与电机连接的低压插接件状态，查看是否存在退针与虚接现象，如图 4-25 所示。

图 4-25　检查驱动电机低压插接件状态

旋转变压器连接线位于驱动电机低压插接件 A、B、C、D、E、F 端子上，如图 4-26 中的驱动电机低压 19 针端子接口定义得知。

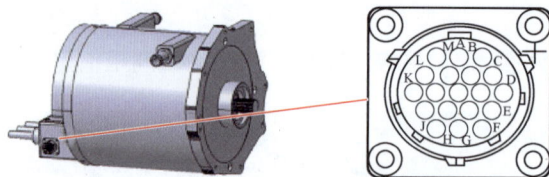

序　号	驱动电机 19 针端子编号	信 号 名 称	说　明
1	A	励磁绕组 R1	驱动电机旋转变压器接口
2	B	励磁绕组 R2	
3	C	余弦绕组 S1	
4	D	余弦绕组 S3	
5	E	正弦绕组 S2	
6	F	正弦绕组 S4	
7	G	THO	电机温度接口
8	H	TLO	
9	L	HVIL1（+L1）	高低压互锁接口
10	M	HVIL1（+L2）	

图 4-26　驱动电机低压 19 针端子接口定义

2）用万用表测量电机旋变传感器的阻值，电机旋变分为三组，分别测量 A-B 组、C-D 组、E-F 组的绕组电阻，如图 4-27 ~ 图 4-29 所示。电阻值为 60Ω 左右为正常，若电阻值为无穷大，说明电机旋变传感器有断路，需更换旋转变压器。

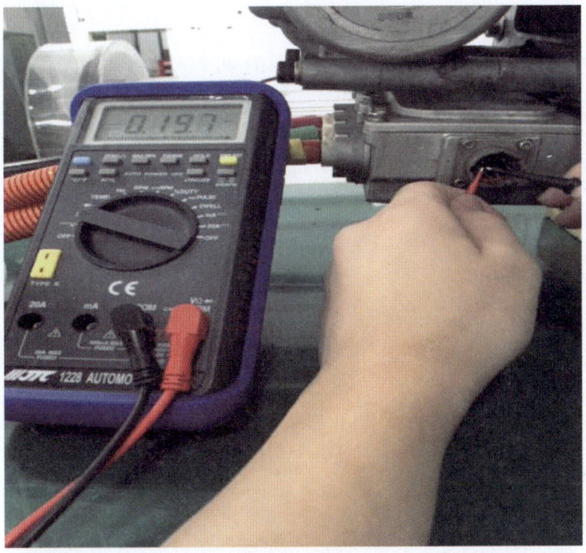

图 4-27　测量旋变器 A- B 组电阻

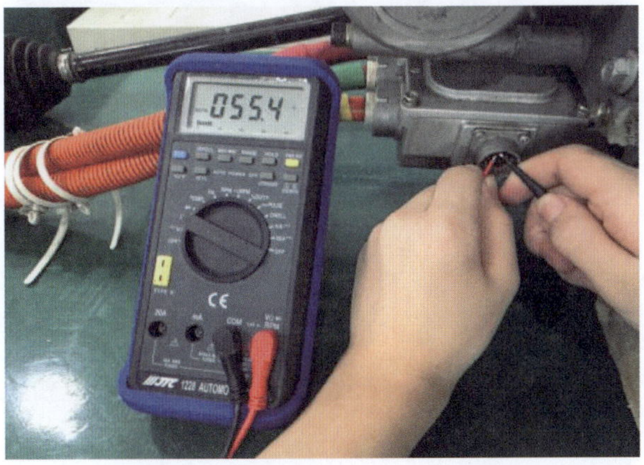

图 4-28　测量旋变器 C- D 组电阻

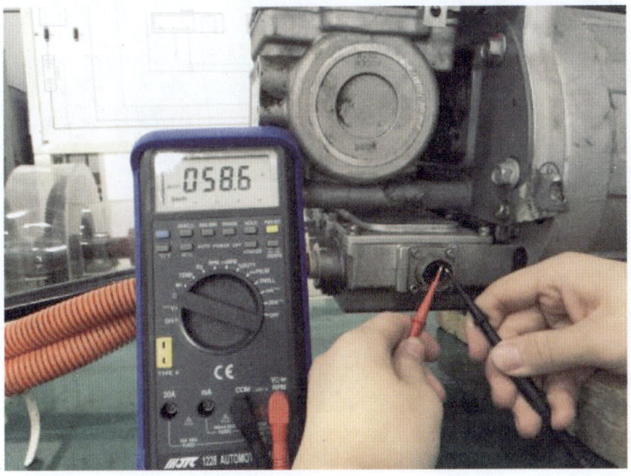

图 4-29　测量旋变器 E- F 组电阻

8. 检查驱动电机温度传感器

驱动电机温度传感器主要用于监测驱动电机的温度。检查驱动电机温度传感器的好坏，可通过测量其电阻值来判断。测量电机温度传感器的阻值时，需在常温状态下测量。如图 4-30 所示，图中的驱动电机低压插接件（19 针）G 和 H 为驱动电机温度传感器的信号，需要测量 G-H 端子阻值，阻值为 $1k\Omega$ 左右，若为无穷大，则为断路。

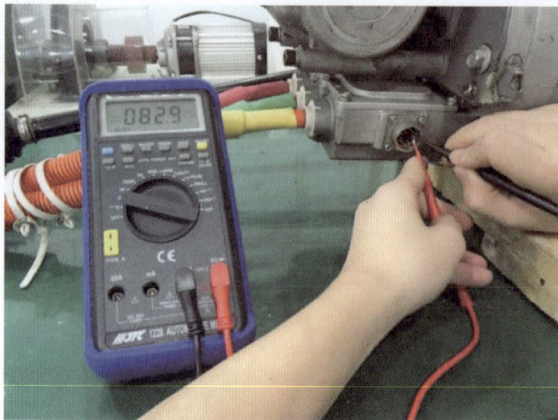

图 4-30   测量驱动电机温度传感器电阻

9. 检查驱动电机高压互锁端子

高压互锁是一个所有高压附件所组成的串联闭环电路。每个高压附件对应的两个高压互锁端子应该为导通状态，如果不导通，相当于某个高压插件未插或未插到位造成高压互锁回路断路，从而引发整车报高压故障。检查驱动电机高压互锁端子需要测量驱动电机高压互锁的电阻值，端子 L 和 M 之间，检查方法如图 4-31 所示，若阻值为无穷大，则为断路。

图 4-31   检查驱动电机高压互锁端子

学习任务2 检查与维护驱动电机控制器

【学习目标】

1. 掌握驱动电机控制器的作用、安装位置。
2. 认知驱动电机控制器的外部电路和线束名称。
3. 掌握检查与维护驱动电机控制器的方法和注意事项。

【任务描述】

近期，薛小姐的EV200应邀回店参加免费检查维护活动。作为维修人员，请你利用本学习任务所学知识，根据现场工作管理规范，完成电动汽车驱动电机控制器的维护工作，并向薛小姐解释电动汽车定期维护保养工作的重要性。

【知识准备】

一、驱动电机控制器的认识

1. 驱动电机控制器作用

驱动电机控制器如图4-32所示，根据整车控制器发出的各种指令，响应并反馈，来实时调整驱动电机输出，将动力电池供给的高压直流电电能，逆变成三相交流电给汽车驱动电机提供电源，以实现整车的怠速、前进、倒车、加速、减速、能量回收以及驻坡。驱动电机控制器接收电机转速等信号反馈到仪表，当发生制动或者加速行为时，控制器控制变频器频率的升降，从而达到加速或者减速的目的。驱动电机控制器另一个重要功能是通信和保护，实时进行状态和故障检测，保护驱动电机系统和整车安全可靠运行。

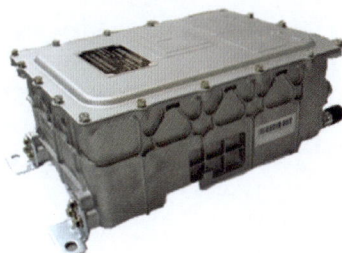

图4-32 驱动电机控制器

笔记

知识拓展

　　整车控制器一方面接收来自驾驶人的需求信息（如点火开关、加速踏板、制动踏板、档位信息等）实现整车工况控制；另一方面基于反馈的实际工况（如车速、制动、电机转速等）以及动力系统的状况（燃料电池及动力电池的电压、电流等），根据预先匹配好的控制策略进行能量分配调节控制。

2. 驱动电机控制器的安装位置

　　以北汽 EV200 汽车为例，驱动电机控制器安装在前机舱动力总成上面的二层支架上面，如图 4-33 所示。

图 4-33　驱动电机控制器安装位置

3. 驱动电机控制器外部电路认知

　　以北汽 EV200 电动汽车为例，驱动电机控制器的局部电路如图 4-34 所示，驱动电机控制器高压部分接收由高压控制盒分配的高压直流电源"＋""－"，并将其经过变压处理为高压交流电源输送给驱动电机，控制驱动电机动力输出。驱动电机控制器接

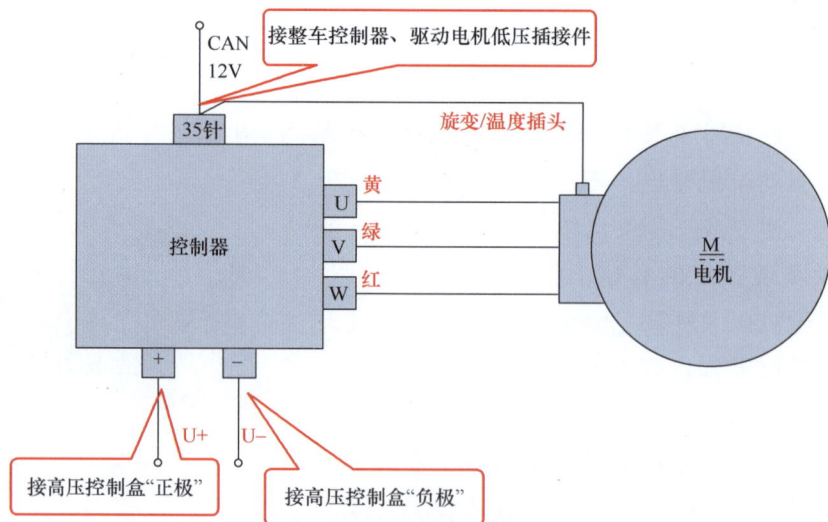

图 4-34　驱动电机控制器的局部电路

笔 记

收来自整车控制器的信号输入，以及来自驱动电机旋变传感器、电机温度传感器的信号输入，通过对这些信号进行内部处理，从而控制驱动电机三相交流电的大小和方向等参数。

4. 驱动电机控制器线束的认知

驱动电机控制器的线束分为高压线束和低压线束，分别为高压直流电的输入、380V 三相交流电的输出和低压插接件，图 4-35 所示为驱动电机控制器的高低压线束插接件。

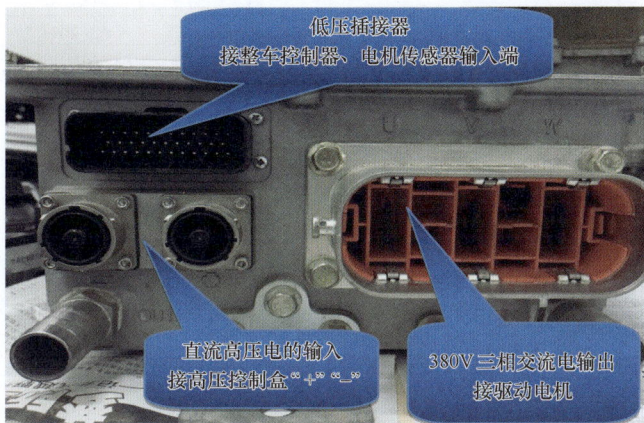

图 4-35　驱动电机控制器的高低压线束插接件

（1）驱动电机控制器高压线束及端子　橙色线束均为高压附件线束，如图 4-36 所示，左侧高压连接件是接高压控制盒的高压直流输出电源端子，共有四个脚位 A、B、C、D；右侧两个单芯插件分别为驱动电机控制器的直流高压电输入，分别为正极和负极端子。

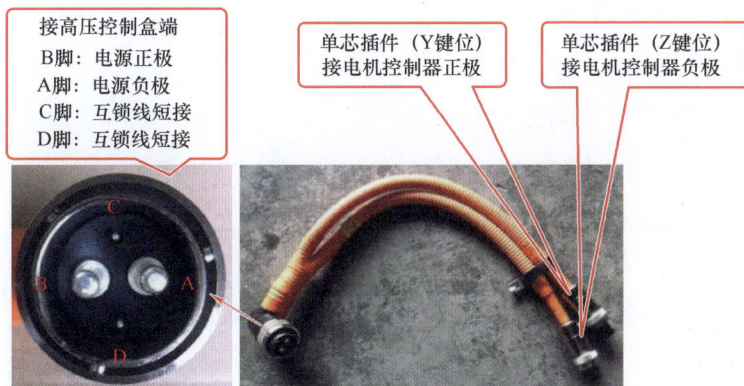

图 4-36　驱动电机控制器高压线束

（2）驱动电机控制器低压线束端子　图 4-37 所示为两种型号的驱动电机控制器的低压端子针脚定义。

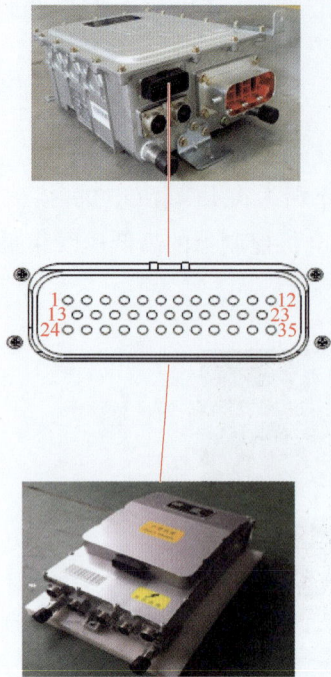

型　　号	编　号	信号名称	说　　明
AMP 35针 C-776163-1	12	励磁绕组R1	电机旋转变压器 接口
	11	励磁绕组R2	
	35	余弦绕组S1	
	34	余弦绕组S3	
	23	正弦绕组S2	
	22	正弦绕组S4	
	33	屏蔽层	
	24	12V-GND	控制电源接口
	1	12V+	
	32	CAN-H	CAN总线接口
	31	CAN-L	
	30	CAN-PB	
	29	CAN-SHIELD	
	10	TH	电机温度传感器 接口
	9	TL	
	28	屏蔽层	
	8	485+	RS485总线接口
	7	485-	
	15	HVIL1(+L1)	高低压互锁接口
	26	HVIL2(+L2)	

图 4-37　两种型号的驱动电机控制器的低压端子针脚定义

二、检查与维护驱动电机控制器

小贴士

检查和维护驱动电机控制器方案

1）检查与清除驱动电机控制器（需断电）。

2）检查驱动电机控制器端子电压、插接件状态（需断电）。

3）检查驱动电机控制器绝缘性能（需断电）。

（重要提示：在对电动汽车高压部件进行维护之前，一定要做好高压安全防护准备。）

1. 准备前工作，高压断电操作流程

1）准备检查与维护驱动电机控制器前应关闭点火开关，拔下钥匙。

2）拆下低压蓄电池负极，断开整车低压控制电源。

3）断开动力电池维修开关。

4）当车辆举升到需要的高度时，举升机要锁止安全锁。

5）拆下动力电池总正、总负和低压线束插头。

扫一扫

电机控制器检测

2. 检查与清洁驱动电机控制器

1）检查驱动电机控制器表面是否有油液污渍，如图 4-38 所示。

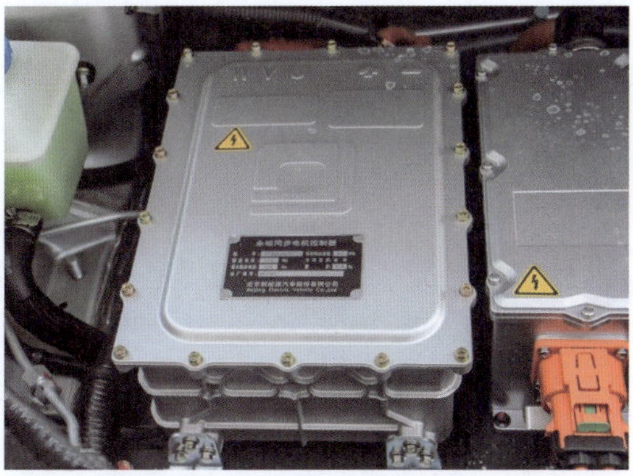

图 4-38　检查驱动电机控制器表面是否有油液污渍

2）检查驱动电机控制器冷却水管、接头处有无裂纹、有无渗漏，如图 4-39 所示。

图 4-39　检查驱动电机控制器冷却水管

3）目测驱动电机控制器外观有无磕碰、变形或损坏，并使用压缩空气或干布对驱动电机控制器的外观进行清洁，如图 4-40 所示。

图 4-40　清洁驱动电机控制器

3. 检查驱动电机控制器端子电压及插接件

1）检查驱动电机控制器高压插接件是否连接到位，是否有退针现象，或存在触点烧蚀的情况，如图 4-41 所示。

图 4-41　检查驱动电机控制器高压插接件

2）检查驱动电机控制器低压插接件是否连接到位，是否有退针现象或触点烧蚀的情况，如图 4-42 所示。

图 4-42　检查驱动电机控制器低压插接件

3）检测驱动电机控制器低压线束控制电源。图 4-43 所示为驱动电机控制器低压线束 35 针端子号，24 脚和 1 脚分别为控制电源接口的 12V－GND 和 12V＋，使用万用表检测 35 针插头 24 脚和 1 脚电压，应在 9～16V 范围内，如图 4-44 所示。

4. 检查驱动电机控制器高压电缆绝缘性能

车辆在充电或行驶中动力电池报绝缘故障，在检测其他高压系统绝缘阻值正常情况下需检查驱动电机控制器和连接电机控制器的高压线缆绝缘阻值是否正常。如图 4-45 所示，用绝缘表黑表笔搭铁，红表笔逐个测量驱动电机控制器上的高压端子和高压线缆端子的绝缘阻值，按下测试按钮，显示的数值为绝缘阻值。驱动电机控制器的搭铁绝缘值大于 100MΩ。

笔 记

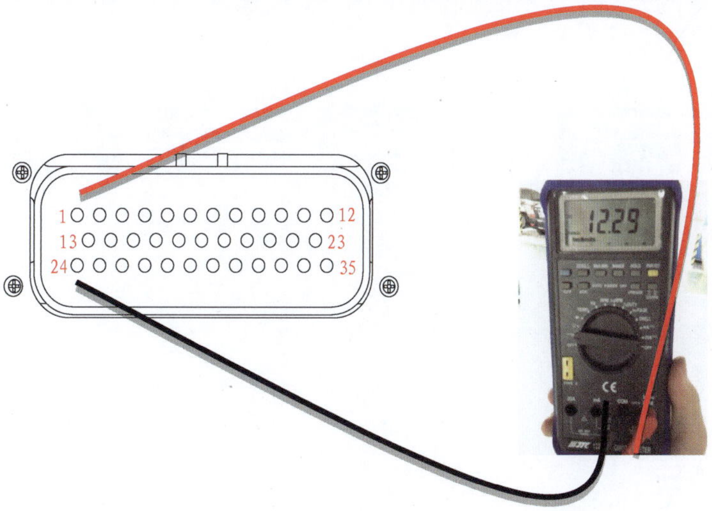

图 4-43　驱动电机控制器低压线束 35 针端子号

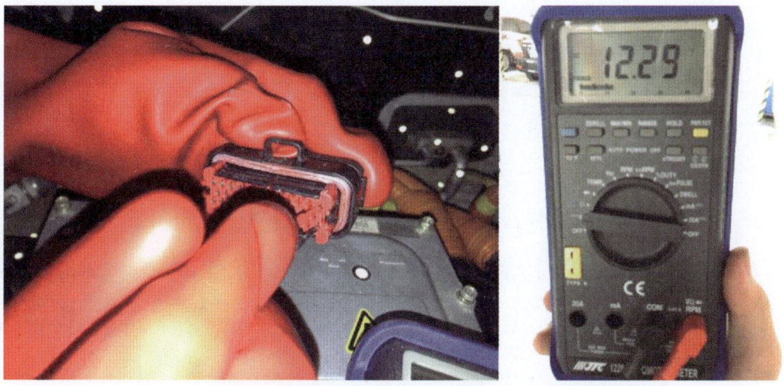

图 4-44　驱动电机控制器低压控制电源实测

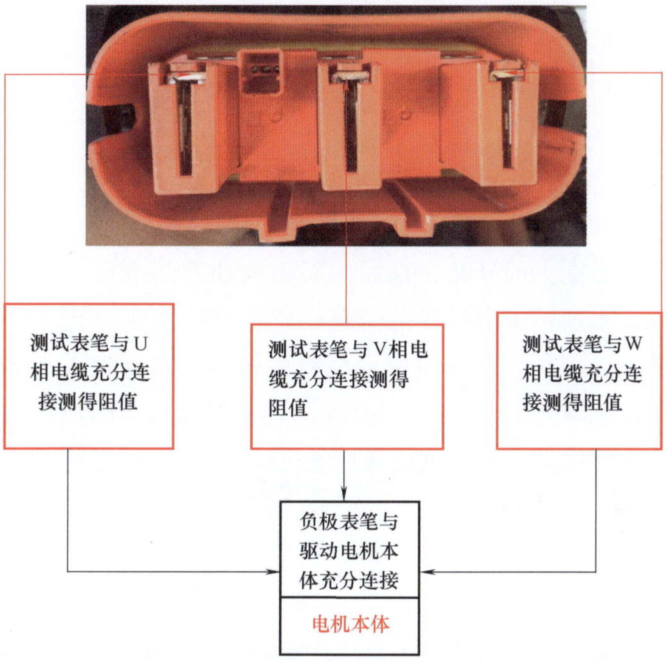

图 4-45　测量搭铁绝缘

【学习目标】

1. 掌握减速器的功能、技术参数和工作原理。
2. 掌握检查与维护减速器的方法和注意事项。

【任务描述】

　　王先生的一辆北汽 EV200 电动汽车近期发现减速器部件附近有渗油现象，王先生决定去 4S 店对他的爱车进行检查与维护，服务顾问将王先生车辆存在的问题告诉了你，那么作为 4S 店的维修人员，你如何给王先生的爱车进行减速器的检查与维护呢？

【知识准备】

一、减速器的认知

1. 减速器的功能

笔记

　　电动汽车为了输出更大的转矩，而采用了更大功率的电机，使用减速器能够有效改变整车的传动比，实现转速和转矩的变化。减速器的主要功能是将整车驱动电机的转速降低、转矩升高，以实现整车对驱动电机的转矩、转速需求。EV200 整车采用的减速器是一款前置前驱减速器，如图 4-46 所示，左右分箱、两级传动结构，采用前进档和倒档共用结构进行设计，整车倒档通过电机反转实现。

2. 减速器的技术参数

　　以 EV200 电动汽车为例，减速器的技术参数见表 4-3。
　　减速器装在前机舱动力总成支架下方，和驱动电机连接在一起，如图 4-47 所示。

图 4-46　减速器

表 4-3　减速器的技术参数

技　术　指　标	技　术　参　数	备　　注
最高输入转速	9000r/min	
转矩容量	≤260N·m	
驱动方式	横置前轮驱动	
减速比	7.793	
驻车功能	无	
重量	23kg	不含润滑油
润滑油规格	GL-4 75W-90 合成油	推荐嘉实多 BOT130（美孚 1 号 LS）
设计寿命	10 年/30 万 km	

图 4-47　电动汽车减速器的安装位置

3. 减速器的工作原理

减速器动力传动机械部分如图 4-48 所示，是依靠两级齿轮副来实现减速增扭。按

笔记

笔记

其功用和位置分为五大组件：右箱体、左箱体、输入轴组件、中间轴组件、差速器组件。

图 4-48　减速器动力传动机械部分

减速器动力传递路线为：驱动电机→减速器输入轴→输入轴轴齿→中间轴齿轮→中间轴轴齿→差速器半轴齿轮→左右半轴→左右车轮，如图 4-49 所示。

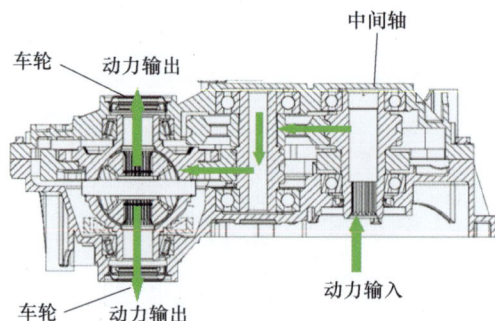

图 4-49　减速器动力传递路线

二、检查与维护减速器

（重要提示：在对电动汽车高压部件进行维护之前，一定要做好高压安全防护准备。）

对于初期维护，减速器磨合后，建议 3000km 或 3 个月更换润滑油，以后进行定期维护。其维护应在整车特约维修点进行。

小贴士

检查与维护减速器方案

1）检查与维护减速器周期，应以里程表读数或月数判断，以先达到者为准。减速器维护周期，按 8 万 km 以内按表 4-5 定期维护，超过 8 万 km 按相同周期进行维护。

2）更换减速器润滑油方案见表 4-4，B：在维护检查必要时更换润滑油；H：更换润滑油，要求润滑油为 GL-4 75W-90 合成油，持续许用温度≥140℃，油量为 0.9～1.1L。供应商推荐使用嘉实多 BOT130，公司用油为美孚 1 号 LS。

表 4-4　减速器维护周期

里程表读数/km	1 万	2 万	3 万	4 万	5 万	6 万	7 万	8 万
月数	6	12	18	24	30	36	42	48
方法	B	H	B	H	B	H	B	H

3）定期检查减速器螺栓紧固情况。

4）定期检查减速器外观，有无漏油，有无磕碰。

1. 检查减速器的外观

目测检查减速器外部有无磕碰、变形，有无渗油、漏油情况，如图 4-50 所示。

图 4-50　检查减速器的外观

减速器产生渗漏油，主要原因如下：输入轴油封磨损或损坏、差速器油封磨损或损坏、油塞处漏油、箱体破裂、油量过多由通气塞冒出。这些问题的处理措施见表 4-5。

表 4-5　减速器渗油故障分析和处理措施

故障分类	处理措施
输入轴油封磨损或损坏	参考维修手册操作规范更换油封
差速器油封磨损或损坏	参考维修手册操作规范更换油封
油塞处漏油	对油塞涂胶，按规定力矩拧紧
箱体破裂	参考维修手册对减速器进行维修
油量过多由通气塞冒出	检查油位调整油量

2. 检查减速器螺栓紧固情况

减速器通过螺栓与驱动电机进行连接，如图 4-51 所示；减速器采用三个左悬置

笔记

点，三个后悬置点与整车悬置支架进行装配连接，如图4-52所示，都应按维修手册拧紧力矩进行紧固。

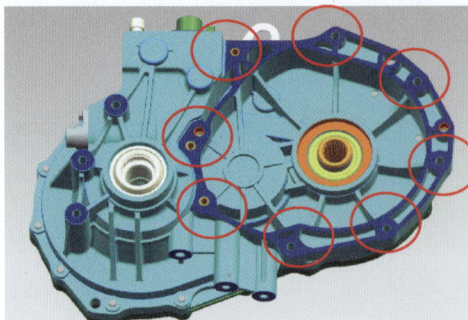

图4-51   减速器与驱动电机装配连接

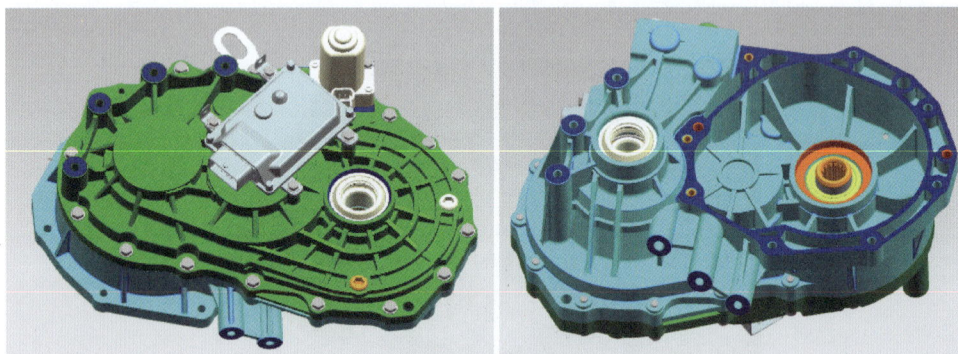

图4-52   减速器与悬置支架装配连接

检查减速器与半轴紧固情况，需保证半轴中心平行于减速器差速器中心，如图4-53所示，防止半轴碰伤或损坏差速器油封，同时半轴上的卡圈应与减速器差速器半轴齿轮上的卡圈槽连接定位。

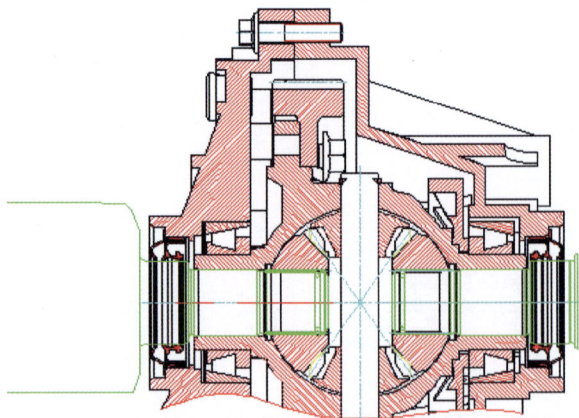

图4-53   检查减速器与半轴紧固情况

3. 检查减速器半轴防尘套密封情况

检查减速器半轴防尘套的密封情况，主要检查防尘套有无破损、漏油，防尘套紧固卡环有无松动，如图 4-54 所示。

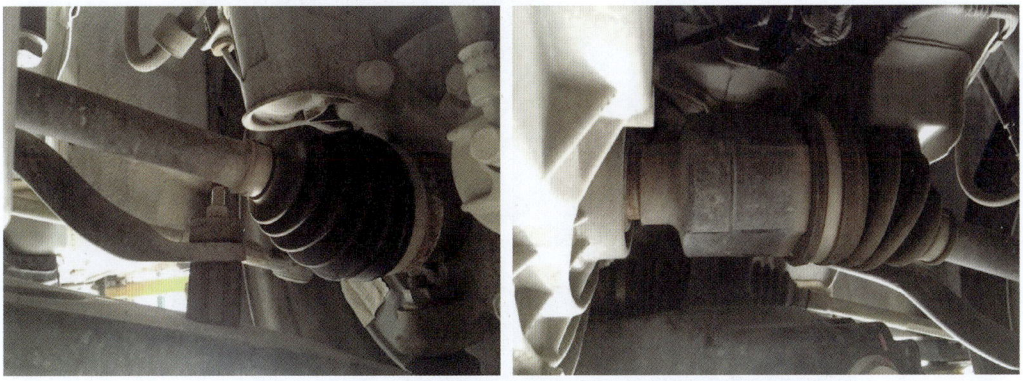

图 4-54　检查减速器半轴防尘套

4. 检查和更换减速器润滑油

（1）检查减速器润滑油　检查减速器润滑油的方法如下：

1）确认车辆是否处于水平状态，以检查油位。

2）检查减速器是否有漏油痕迹，如有，应分析漏油原因，修理漏油部位。

3）拆下油位螺塞，检查油位。如润滑油与油位螺塞孔齐平，则说明油位正常。否则，应补加规定的润滑油，直到油位螺塞孔口出油为止，如图 4-55 所示。

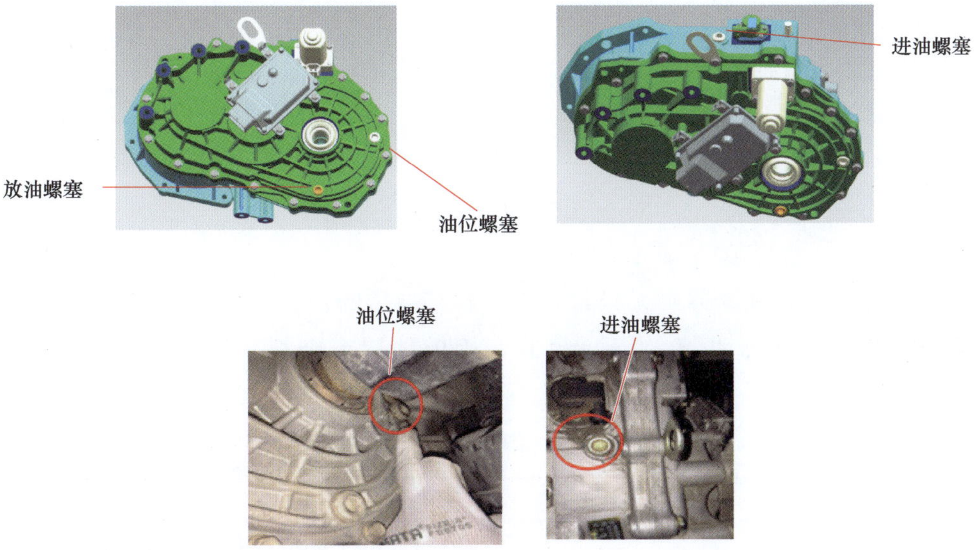

图 4-55　变速器油位螺塞、进油螺塞、放油螺塞

（2）更换减速器润滑油

1）在换油前，必须停车断电，水平提升车辆。

2）在升起车辆的状态下，检查油位以及是否漏油，如有漏油，应处理。

3）拆下放油螺塞，如图4-56所示，排放废油，用一个容器即带有刻度的桶来收集润滑油。

图4-56　放油螺塞

4）放油螺塞涂少量密封胶，并按规定力矩（12～18N·m）拧紧。

5）拆下油位螺塞、进油螺塞。

6）按规定型号加注润滑油，按规定油量（加注到油位孔）加注规定的新油。

注意事项

变速器油：GB13895—1992重负荷车辆齿轮油（GL-5）牌号：75W/90。

加注油量：1.8～2.0L。

7）使用变速器油加注器按规定加注减速器润滑油，加注至油位正常。

8）在油位螺塞、进油螺塞上涂少量密封胶，并按规定力矩拧紧，拧紧力矩为12～18N·m。

5. 检查减速器有无异响情况

运行整车，检查减速器有无异常噪声，若有异常噪声，主要原因如下：润滑油不足、轴承损坏或磨损、齿轮损坏或磨损、箱体磨损或破裂。这些问题的处理措施见表4-6。

表4-6　减速器异响故障分析和处理措施

故 障 分 类	处 理 措 施
润滑油不足	按规定型号和油量添加润滑油
轴承损坏或磨损	参考维修手册对减速器进行维修
齿轮损坏或磨损	参考维修手册对减速器进行维修

学习任务 4 检查与维护冷却系统

![铅笔图标] **【学习目标】**

　　1. 掌握冷却系统的作用、工作原理。
　　2. 了解电动汽车的冷却形式和结构组成。
　　3. 掌握检查与维护冷却系统的方法和注意事项。

![星星图标] **【任务描述】**

　　杨小姐的北汽 EV200 电动汽车在长时间行驶时仪表总是出现"驱动电机过热"警告灯符号，但当她停下车休息一段时间再重新起动车辆此警告灯熄灭。那么作为维修人员，利用本学习任务所学知识，根据现场工作管理规范，分析此警告灯点亮的原因，请你完成杨小姐的电动汽车维护工作，并向她解释电动汽车定期维护工作的重要性。

![绿茶杯图标] **【知识准备】**

一、冷却系统的认知

1. 冷却系统的作用

　　传统汽车发动机冷却系统的功能是带走发动机因燃烧所产生的热量，使发动机维持在正常的运转温度范围内。当发动机工作时，气缸内的气体温度可高达 1727 ~ 2527℃，若不及时冷却，将造成发动机零部件温度过高，尤其是直接与高温气体接触的零件，会因受热膨胀影响正常的配合间隙，导致运动件受阻甚至卡死。此外，高温还会造成发动机零部件的机械强度下降，使润滑油失去作用等。而冷却系统可以在发动机工作时对温度进行合理地调节与控制，使发动机各部件保持在正常的工作温度，从而获得理想的动力输出与良好的燃油经济性，如果没有冷却系统的帮助，发动机将无法正常工作。

　　电动汽车虽然没有发动机，但是电动汽车关键零部件电机、电机控制器及充电机

笔记

在能量转化过程中也会产生大量的热，如果这些热量不能够及时地散发出去，将导致车辆限扭运行甚至导致零件的损坏。电机在运行过程中产生的热对电机的物理、电气和力学特性有着重要影响，当温度上升到一定程度时，电机的绝缘材料会发生本质上的变化，最终使其失去绝缘能力；随着电机温度的升高，电机中的金属构件强度和硬度也会逐渐下降。由电子元器件构成的控制器，同样会由于温度过高而导致电子元器件的性能下降，出现不利影响，如过高温度会导致半导体结点、电路损坏，增加电阻，甚至烧坏元器件。

纯电动冷却系统的功用是将电机、电机控制器及充电机产生的热量及时散发出去，保证其在要求的温度范围内稳定高效的工作，如图4-57所示。

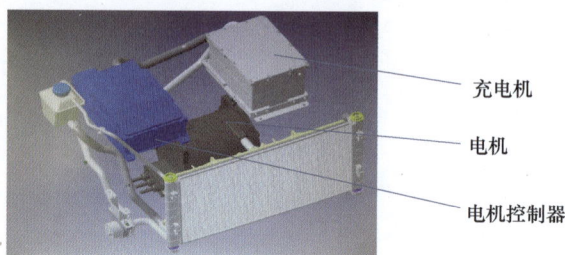

图4-57　电动汽车冷却系统

2. 冷却系统的工作原理

冷却系统由两个体系构成：冷却液回路和冷却风流道。

冷却液在流经MCU（电机控制器）、充电机和电机等热源时，热源通过热传导将热量传递给冷却液，高温冷却液通过电动水泵提供的动力流经散热器时将热量通过热传导传递给散热器芯体，冷却空气通过热对流将热量带走，完成换热过程，如图4-58所示。

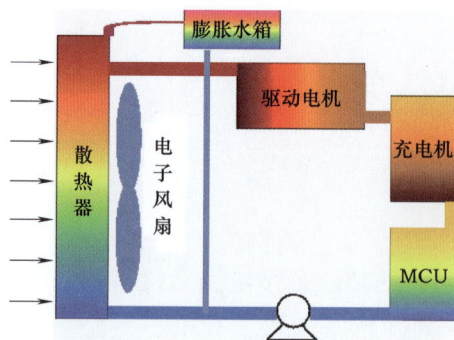

图4-58　冷却系统热力分布图

膨胀水箱在冷却系统中起提高冷却液沸点和提供冷却液加注口两大作用。

3. 电动汽车的冷却形式

目前，电动汽车的冷却形式有两种，分别为风冷和水冷。

（1）风冷充电机冷却系统　图4-59所示为风冷充电机冷却系统的冷却路径。

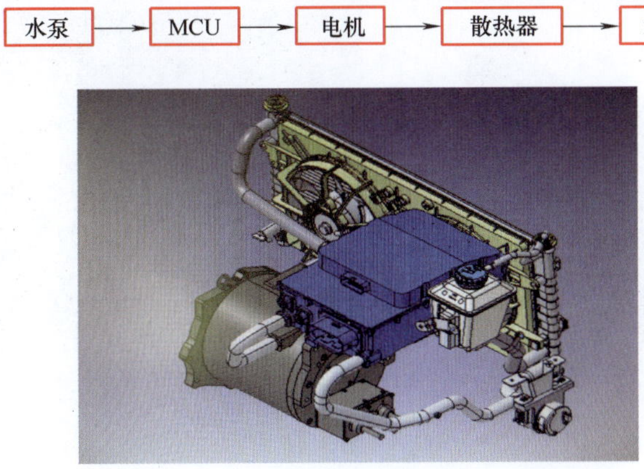

水泵 → MCU → 电机 → 散热器 → 水泵

图 4-59　风冷充电机冷却系统的冷却路径

（2）水冷充电机冷却系统　图 4-60 所示为水冷充电机冷却系统的冷却路径。

水泵 → MCU → 充电机 → 电机 → 散热器 → 水泵

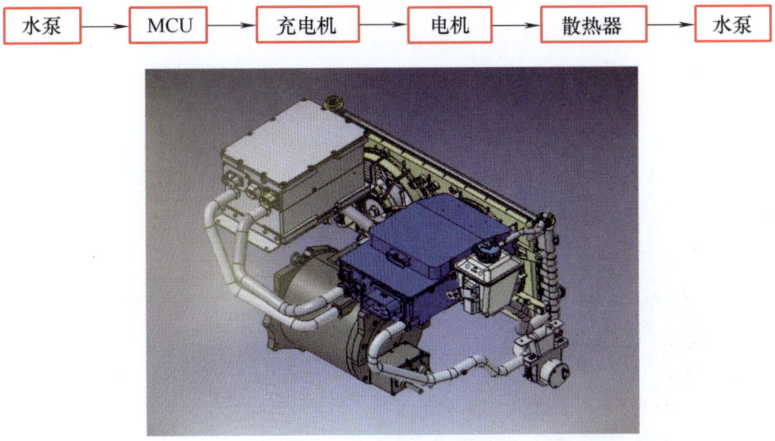

图 4-60　水冷充电机冷却系统的冷却路径

4. 冷却系统的组成

电动汽车冷却系统主要由电动水泵、散热器、电子风扇、膨胀水箱和冷却液等组成。

（1）电动水泵　电动水泵为冷却液循环的动力元件如图 4-61 所示，它的作用是对冷却液加压，促使冷却液在冷却系统中循环，带走系统散发的热量。由于电动汽车和传统汽车有着一定的区别，水泵的驱动方式由机械传动变为电机驱动。

（2）电子风扇　电子风扇置于散热器的后面，如图 4-62 所示，其作用是当风扇旋转时吸进空气使其通过散热器，提高流经散热器、冷凝器的空气流速和流量，以增强散热器的散热能力，加速冷却液的冷却，并冷却机舱其他附件，使电机控制器及驱动电机始终能在最适宜的温度下正常工作。根据电机、控制器、空调压力等参数由整车控制器控制双风扇运行。电子风扇采用两档调速风扇。目前轿车上大多采用电子风扇。电子风扇由电机驱动并由蓄电池供电，所以风扇转速与驱动电机转速无关。

电子风扇电器插接件为四线，如图 4-63 所示。

图 4-61 电动水泵

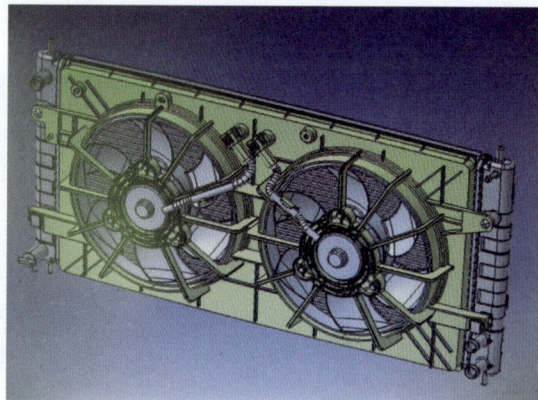

图 4-62 电子风扇

高速：两"＋"接正极，两"－"接负极。

低速：两"＋"接正极，一"－"接负极。

（3）膨胀水箱 图 4-64 所示为膨胀水箱，为冷却系统冷却液的排气、膨胀和收缩提供受压容积，同时也作为冷却液加注口。

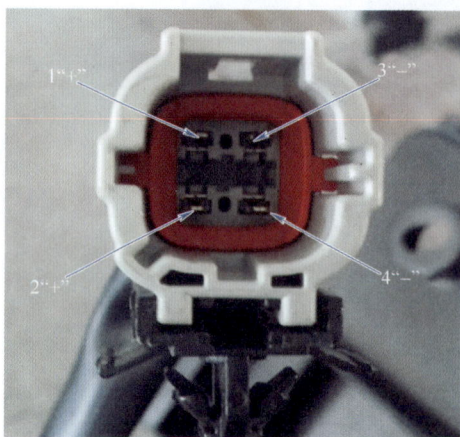

图 4-63 电子风扇电器插接件

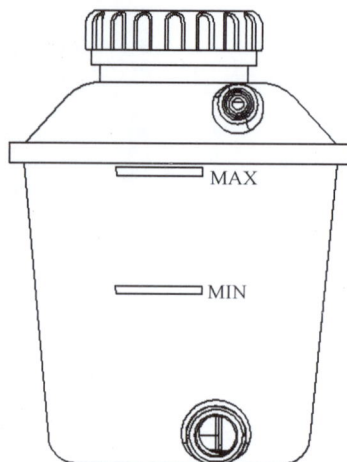

图 4-64 膨胀水箱

（4）冷却液 正确使用冷却液，可起到防腐蚀、防水垢和防冻结等作用，能够使冷却系统始终处于最佳的工作状态，保证驱动电机的正常工作温度。

二、检查与维护冷却系统

（重要提示：在对电动汽车高压部件进行维护之前，一定要做好高压安全防护准备。）

1. 检查冷却系统管路及接口处有无泄漏、渗漏情况

检查冷却系统有无泄漏和渗漏情况。目测冷却系统各管路及各零部件接口处有无泄漏情况，环箍有无损坏，如图 4-65 所示。

图 4-65　目测冷却系统管路及接口处

2. 检查和清洁散热器

　　清洗散热器散热片是保证良好传热效果所必须的工作。若散热器和空调散热片出现碎屑堆积，须进行清洗。在电机冷却后，散热器后部（电机侧）使用压缩空气来冲走散热器或空调冷凝器的碎屑。需检查散热器翘片是否有变形，否则会降低通风量。

> **注意事项**
>
> 　　严禁使用水枪对散热器散热片喷水清洗。

3. 检查水泵工作是否正常

　　图 4-66 所示为冷却系统电动水泵的安装位置。起动车辆，检查电动水泵有无泄漏情况，是否存在异响。检查电动水泵的线束是否有老化、破皮、电源线铜芯外露情况。

图 4-66　冷却系统电动水泵的安装位置

4. 检查部件温度是否正常

起动车辆，使用红外测温仪检查散热器、驱动电机、电机控制器等温度是否正常，如图 4-67 所示。

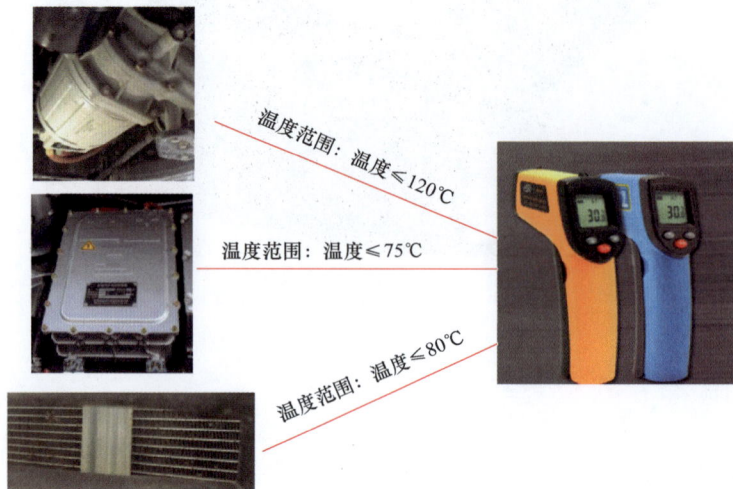

温度范围：温度≤120℃

温度范围：温度≤75℃

温度范围：温度≤80℃

图 4-67　红外测温仪

5. 检查冷却液液位

电动汽车冷却液液位必须定期检查，如图 4-68 所示。检查冷却液液位前需要将车辆停驻在水平路面上，应在电机降温后检查。在电机未完全冷却时，打开散热器盖，可能会导致冷却液喷出，造成严重烫伤。检查电动汽车冷却液液位与传统汽车没有区别，目视检查。

注意事项

在打开散热器盖之前，必须确认电机、DC/DC、电机控制器以及散热器均已冷却。

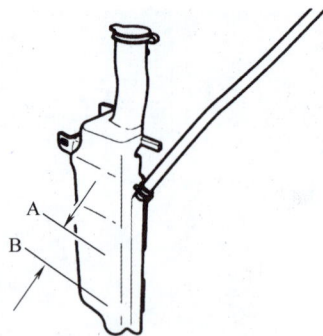

图 4-68　检查冷却液液位

在冷却液处于冷状态测量时，罐内冷却液的高度应保持在两条标记线之间，如果液位偏低，需添加冷却液。

6. 排放与添加冷却液

注意事项

当冷却系统温度高于环境温度时，请勿打开散热器，否则热的蒸气或沸腾的冷却液会从散热器中飞溅出来对人体造成伤害。在打开散热器密封盖时，可能有热蒸气逸出。请等待车辆冷却后再进行相关工作。请戴好护目镜并穿上防护服，以免伤害眼睛和烫伤。

1）打开散热器密封盖。用抹布盖住密封盖并小心打开。

2）将收集盘置于车下散热器冷却液排放阀处，如图 4-69 所示。

笔 记

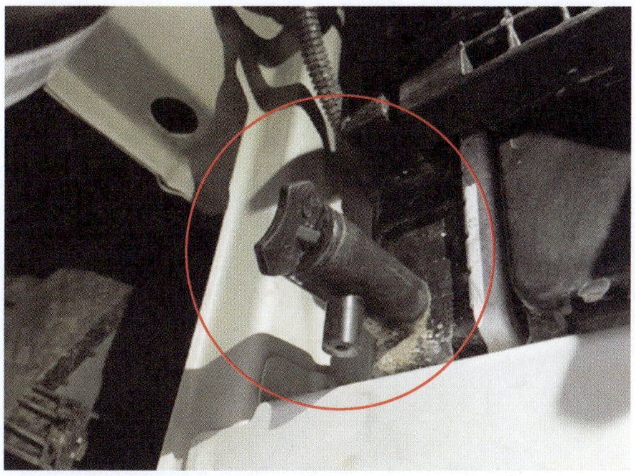

图 4-69　排放阀

3）逆时针方向松开散热器冷却液排放螺栓。

4）排放出散热器中的冷却液。

注意事项

更换后的废弃冷却液要倒入专用回收容器并盖紧容器盖，然后由技术人员进行专业处理。

5）添加新的冷却液，使用冰点测试仪检查冷却液的冰点，如图 4-70 所示。

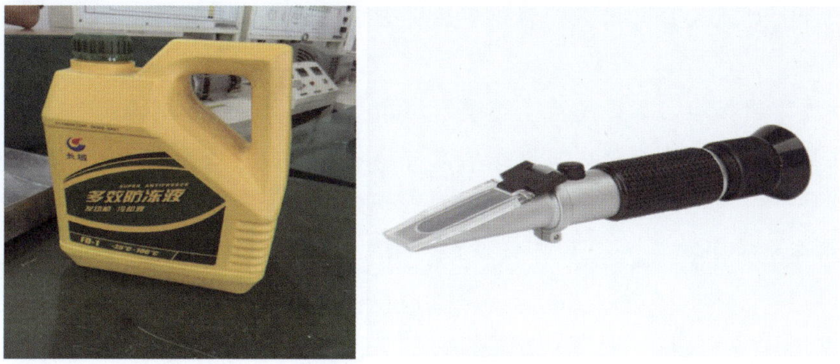

图 4-70　冰点测试仪

选择冷却液和检查其冰点的注意事项

1）只允许使用符合车辆要求的冷却液作为冷却液添加剂。

2）不允许与先前的冷却液添加剂混合。

3）符合标准的冷却液添加剂可防止霜冻、腐蚀和结垢，此外还能提高沸点。因此冷却系统务必全年加注防冻防腐剂。

4）必须保证防冻温度低至约 −25℃（在极地气候的国家最低至约 −35℃），即使在暖和的季节或暖和的国家也不允许添加水来降低冷却液的含量。冷却液添加剂的比例必须至少为40%。

5）如果出于气候原因需要更强的防冻效果，可以提高冷却液的比例，但最高只到60%（防冻温度最低至约 −40℃），否则防冻又会减弱，此外还会降低冷却效果。

冷却液加注流程如图4-71所示。

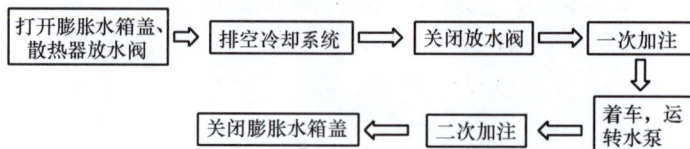

打开膨胀水箱盖、散热器放水阀 ⇒ 排空冷却系统 ⇒ 关闭放水阀 ⇒ 一次加注 ⇒ 着车，运转水泵 ⇒ 二次加注 ⇒ 关闭膨胀水箱盖

图4-71 冷却液加注流程

1）一次加注。向散热器加注口加注符合新能源汽车使用标准的冷却液，目测冷却液加注至冷却液加注口位置时，大约加3L冷却液。

2）二次加注。开启电动水泵，待水泵循环运行2~3min后，再向散热器补充冷却液至加注口，重复以上加注操作，达到冷却系统加注量要求。

3）然后向膨胀水箱加注冷却液至上限位置。

冷却液使用注意事项

1）冷却液有毒，如果吞咽可能致命，请保持容器密封并摆放在儿童不易触摸到的位置。如果发现误食，请立即就医。

2）避免冷却液与皮肤或眼睛接触。如果发生上述情况，请立即用大量清水冲洗。

3）冷却液中含有重要的防腐剂，冷却液中防腐剂的成分应常年维持在50%±5%左右（不仅在低温条件下）。为确保冷却液的防腐性能，无论车辆的行驶里程是多少，应定期检查一次冷却液中防腐剂的含量，冷却液应每两年完全更换一次。如不能及时检查或更换，会导致散热器和驱动电机等零部件的腐蚀。

4）如果更换了散热器、驱动电机等，就不能重新使用已经用过的冷却液。

5）冷却液高度明显的降低意味着冷却系统发生了泄漏。如果发生这种情况，应检查泄漏点并排除。

6）如果冷却液高度降到储液罐上的低水位刻度线位置以下，打开盖子并向储液罐中添加冷却液。冷却液加注量：6L。

7）冷却系统是密封的，所以正常的冷却液损耗是非常少的。

高压辅助器件的检查与维护

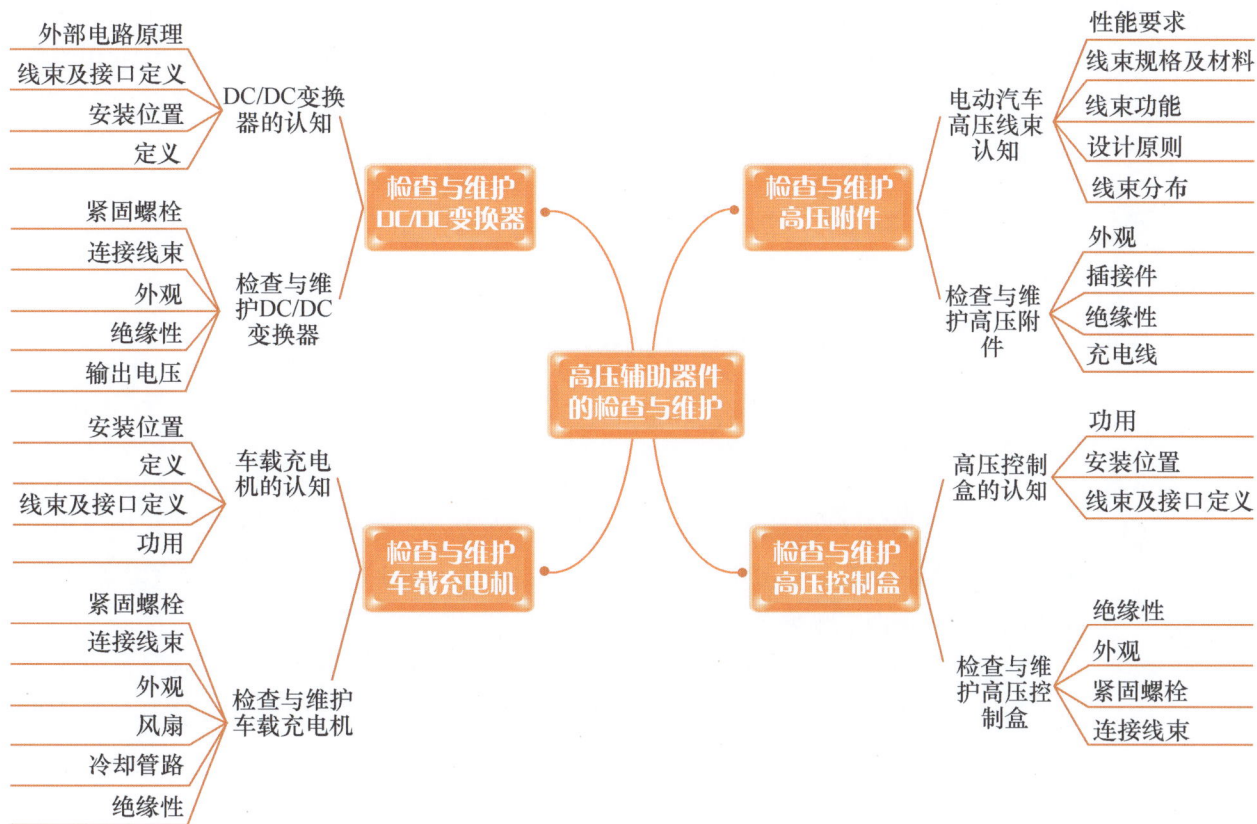

高压辅助器件的检查与维护

- 检查与维护DC/DC变换器
  - DC/DC变换器的认知
    - 外部电路原理
    - 线束及接口定义
    - 安装位置
    - 定义
  - 检查与维护DC/DC变换器
    - 紧固螺栓
    - 连接线束
    - 外观
    - 绝缘性
    - 输出电压

- 检查与维护车载充电机
  - 车载充电机的认知
    - 安装位置
    - 定义
    - 线束及接口定义
    - 功用
  - 检查与维护车载充电机
    - 紧固螺栓
    - 连接线束
    - 外观
    - 风扇
    - 冷却管路
    - 绝缘性

- 检查与维护高压附件
  - 电动汽车高压线束认知
    - 性能要求
    - 线束规格及材料
    - 线束功能
    - 设计原则
    - 线束分布
  - 检查与维护高压附件
    - 外观
    - 插接件
    - 绝缘性
    - 充电线

- 检查与维护高压控制盒
  - 高压控制盒的认知
    - 功用
    - 安装位置
    - 线束及接口定义
  - 检查与维护高压控制盒
    - 绝缘性
    - 外观
    - 紧固螺栓
    - 连接线束

学习任务 1 检查与维护 DC/DC 变换器

【学习目标】

1. 了解 DC/DC 变换器的安装位置和线束接口定义。
2. 掌握检查与维护 DC/DC 变换器的方法和注意事项。

【任务描述】

高先生的一辆北汽 EV200 电动汽车已经行驶了 10 000km，根据厂家规定需要对车辆进行维护，在维护过程中需要对 DC/DC 变换器进行定期检查与维护，请你利用本学习任务所学知识，根据现场工作管理规范，作为工作人员完成高先生电动汽车 DC/DC 变换器的维护工作。

【知识准备】

一、DC/DC 变换器的认知

1. DC 和 AC 的含义

直流电，用英文字母 DC（Direct Current）来表示。电视遥控器里的干电池、汽车中的铅酸电池等都属于直流电源，能够输出直流电。常用于中低压的便携式电器设备、车辆电子控制回路、各种电子仪器等。

交流电，用英文字母 AC（Alternating Current）来表示。发电机发出的一般都是交流电，并且交流电易于变压、变流。因此，利用建立在电磁感应原理基础上的交流发电机（交流电动机）可以很经济方便地把机械能转化为电能（电能转化为机械能）。

2. DC/DC 电源变换器

电源变换器分为直流/直流（DC/DC）变换与直流/交流（DC/AC）变换两类。DC/DC 变换器有降压、升压、双向降-升压三种形式，它是满足新能源汽车电气系统电能变换和传输不可缺少的电器设备。在各种新能源汽车中，主要实现功能如下：

（1）不同电源之间的特性匹配　以燃料电池电动汽车为例，一般采用燃料电池组和动力电池的混合动力系统结构。在能量混合型系统中，采用升压 DC/DC 变换器；在功率混合系统中，采用双向 DC/DC 变换器。

（2）驱动直流电机　在小功率（低于 5kW）直流电机驱动的转向、制动等辅助系统中，一般直接采用 DC/DC 电源变换器供电。

（3）给低压蓄电池充电　在电动汽车中，需要高压电源通过 DC/DC 变换器给蓄电池充电，一般采用隔离型的降压电路形式。

在电动汽车上 DC/DC 变换器如图 5-1 所示，它替代了传统汽车上的发电机，如图 5-2 所示，传统的 12V 用电负荷，则完全依靠电动汽车上 DC/DC 变压器供给，它几乎应用在了所有的新能源汽车上，功率范围 1～2.2kW。

笔记

图 5-1　电动汽车上的
DC/DC 变换器

图 5-2　传统汽车发电机

3. DC/DC 的安装位置

DC/DC 变换器装在前机舱动力总成上面的二层支架上面，如图 5-3 所示。

图 5-3　DC/DC 的安装位置

4. 连接 DC/DC 的高压线束及接口定义

（1）DC/DC 变换器的线束接口及接口定义　以北汽电动汽车为例，DC/DC 变换器的线束接口及接口定义如图 5-4 所示。

（2）DC/DC 变换器的高压线束　图 5-5 所示为高压附件线束总成。除连接高压控制盒到车载充电机、空调压缩机、空调 PTC 之间的线束，还有连接高压控制盒到 DC/DC 的线束。

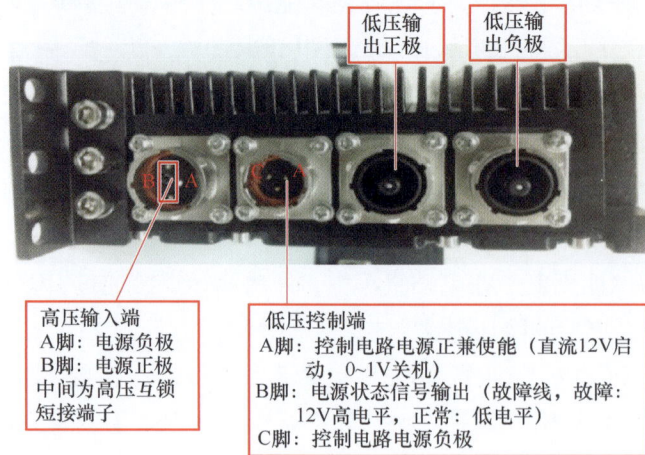

高压输入端
A脚：电源负极
B脚：电源正极
中间为高压互锁短接端子

低压控制端
A脚：控制电路电源正兼使能（直流12V启动，0~1V关机）
B脚：电源状态信号输出（故障线，故障：12V高电平，正常：低电平）
C脚：控制电路电源负极

图 5-4　DC/DC 变换器的线束接口及接口定义

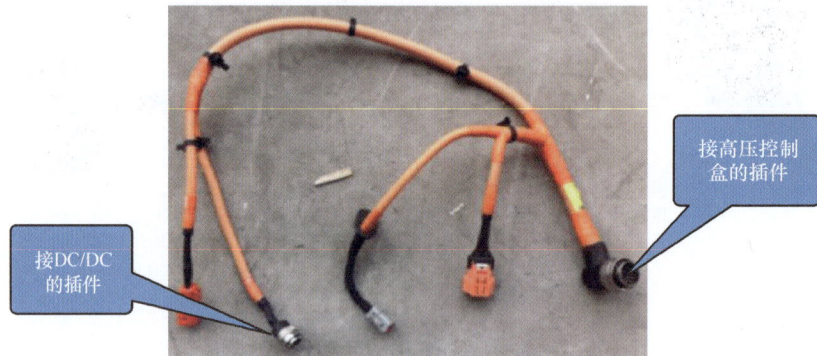

图 5-5　高压附件线束总成

DC/DC 的插件针脚定义如图 5-6 所示。

接高压控制盒的插件针脚定义如图 5-7 所示。

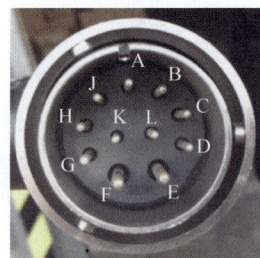

图 5-6　DC/DC 插件针脚定义

A 脚—电源负极　B 脚—电源正极

1 脚—互锁信号输入

2 脚—互锁信号输出

图 5-7　接高压控制盒的插件针脚定义

A 脚—DC/DC 电源正极　B 脚—PTC 电源正极　C 脚—压缩机

电源正极　D 脚—PTC-A 组负极　E 脚—充电机电源正极

F 脚—充电机电源负极　G 脚—DC/DC 电源负极

H 脚—压缩机电源负极　J 脚—PTC-B 组负极

L 脚—互锁信号线　K 脚—空引脚

5. DC/DC 变换器（EV200）的外部电路原理

DC/DC 变换器将经过高压控制盒分配的动力电池高压直流电降压变换处理为低压直流电，一方面给低压蓄电池充电，另一方面为灯光、刮水器等车辆常规低压电器提供电源，替代了传统汽车上的发电机系统。DC/DC 变换器的外部电路图如图 5-8 所示。

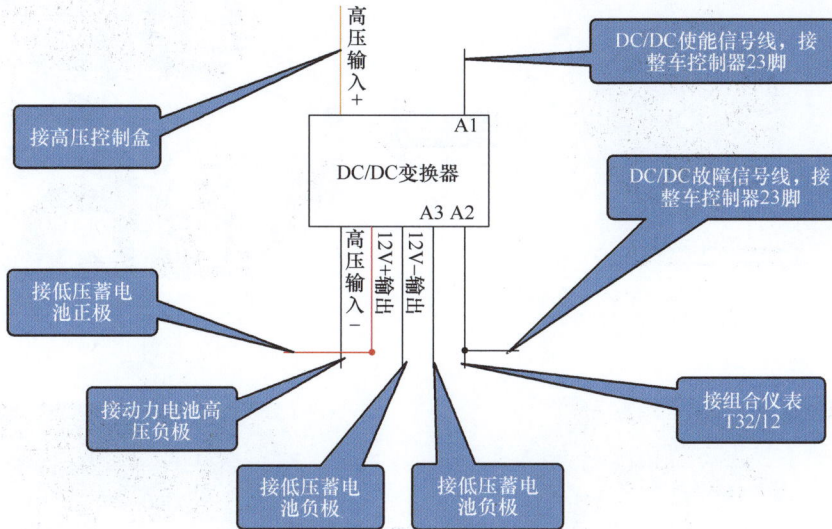

图 5-8　DC/DC 变换器的外部电路图

二、检查与维护 DC/DC 变换器

（重要提示：在对电动汽车高压部件进行维护之前，一定要做好高压安全防护准备。）

1. 检查与维护 DC/DC 变换器外观

检查 DC/DC 变换器外表面清洁无异物，散热齿上尽可能减少杂物，保证散热时风道畅通，必要时清洁外表面。目测检查 DC/DC 变换器外壳有无明显变形、碰撞痕迹，如图 5-9 所示。

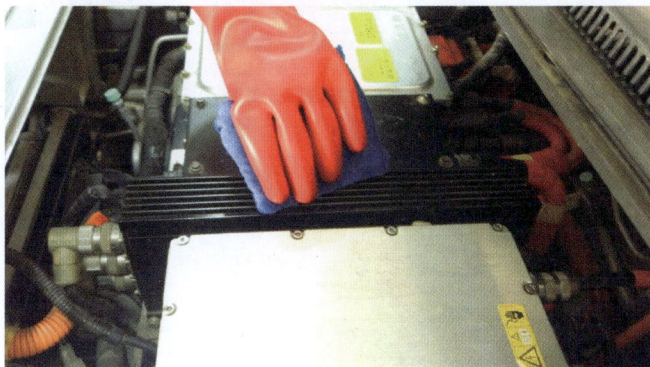

图 5-9　检查与维护 DC/DC 变换器外观

笔 记

扫一扫

D/DC 变换器的日常维护

2. 检查与维护 DC/DC 变换器连接线束

检查 DC/DC 变换器各连接线束有无破损、裂纹，高低压接线端子连接是否牢靠，无松动，检查和拆装线束接口方法如图 5-10 所示。

1）依据所有键位确认插头和插座是否匹配，按照主键位定位两插接器的安装方向。

2）对准主键位，慢慢将插头推入插座。

4）当听到"嗒"声时，观察图中红箭头指向的检查孔，如果孔内见到锁止销（红色或银色小圆点）则安装完成，否则需退出插头重新安装。

3）在公母端子正确导向后，向右慢慢旋转公端插头旋口。如感到稍有阻力，可稍稍晃动插头。如阻力很大，则需退出插头，重新将插头推入 插座。

图 5-10　检查和拆装线束接口方法

3. 检查与维护 DC/DC 变换器紧固螺栓

检查 DC/DC 变换器紧固螺栓有无锈蚀，紧固力矩是否足够，如图 5-11 所示。

注意事项

DC/DC 变换器紧固螺栓的紧固力矩为 25 ± 5N·m。

图 5-11　检查与维护 DC/DC 变换器紧固螺栓

4. 检查 DC/DC 变换器输出电压

判断 DC/DC 变换器是否工作，可以通过测量 DC/DC 变换器的输出电压，测量方法如下：

第一步：在保证整车线束正常连接的情况下，通电前使用万用表测量铅酸电池端电压，并记录，如图 5-12 所示。

图 5-12　判断 DC/DC 变换器是否工作的方法第一步

第二步：整车通电，继续读取万用表数值，查看变化情况，如图 5-13 所示。

检测结果：DC/DC 变换器正常输出电压为 13.2 ~ 13.5V（或 13.5 ~ 14V）范围内（关闭车上用电设备的情况下）。

注意事项

如果检测低于规定值，则有可能：

1）车上用电设备未关。

2）DC/DC 变换器故障。

3）万用表测量有误差。

笔 记

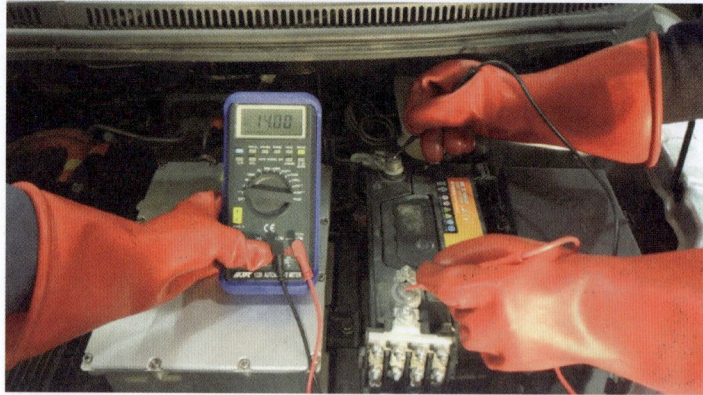

图 5-13　判断 DC/DC 变换器是否工作的方法第二步

5. 检测 DC/DC 变换器的绝缘性能

检查 DC/DC 变换器的绝缘性能，需使用绝缘表测量高压部件的高压接口绝缘阻值。测量方法为：将绝缘表负表笔与电缆外壳或车身搭铁点充分有效连接，正表笔分别测量端子 A、端子 B，单击测试键进行读数，测得绝缘电阻，与标准值进行比较，判断其绝缘性能是否正常，如图 5-14 所示。

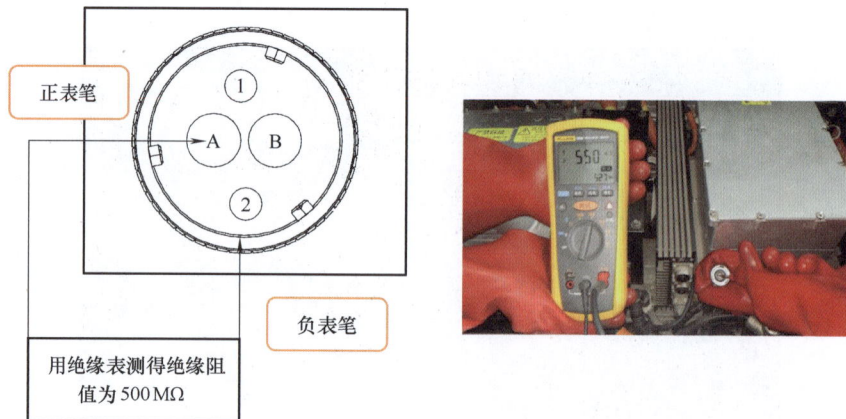

正表笔

① A B ②

负表笔

用绝缘表测得绝缘阻值为 500 MΩ

图 5-14　检测 DC/DC 变换器的绝缘性能

注意事项

在工作温度 −20~65℃和工作湿度 5%~85%RH 环境下，高压输入与车身（外壳）绝缘阻值≥20MΩ。

学习任务 2　检查与维护车载充电机

![铅笔图标] 【学习目标】

1. 掌握车载充电机功用、安装位置和接口定义。
2. 掌握检查与维护车载充电机的方法和注意事项。

![星星图标] 【任务描述】

黄先生的一辆北汽 EV200 电动汽车已经行驶了 10 000km，根据厂家规定需要对车辆进行维护，在维护过程中需要对车载充电机进行检测与维护，作为 4S 店的一名维修技师，你如何对黄先生电动汽车的车载充电机进行检查与维护呢？

![杯子图标] 【知识准备】

一、车载充电机的认知

1. 电动汽车慢充系统

笔记

慢充系统使用交流 220V 单相民用电，通过整流变换，将交流电变为直流电给动力电池供电。慢充系统主要部件由供电设备 ［电缆保护盒、充电桩 & 充电线（图 5-15、图 5-16）］、慢充接口（图 5-17）、车内高压线束、高压配电盒、车载充电机（图 5-18）和动力电池等组成。

2. 车载充电机的功用

1）具备通过高速 CAN 网络与电池管理系统通信的功能，判断动力电池连接状态是否正确；获得动力电池系统参数、充电前和充电过程中整组和单体电池的实时数据。

2）可通过高速 CAN 网络与车辆监控系统通信，上传充电机的工作状态、工作参数和故障警告信息，接受启动充电或停止充电控制命令。

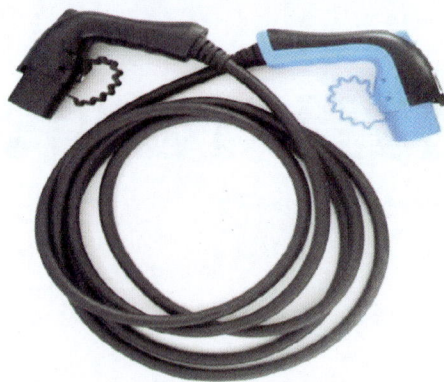

笔记

图 5-15   交流充电桩用慢速充电线

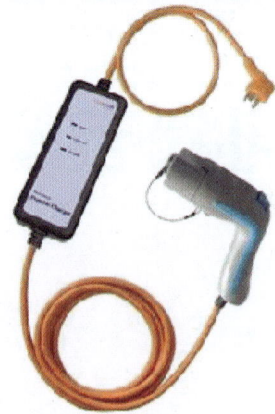

图 5-16   家用交流慢速充电线

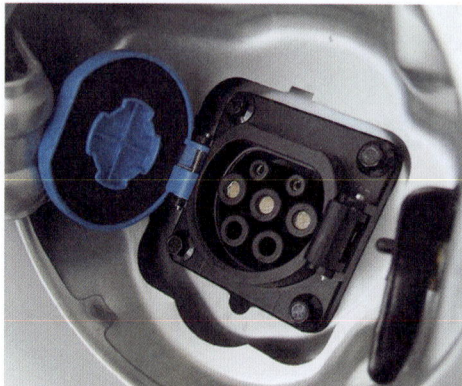

图 5-17   慢充接口（原汽油加注口）

3）完备的安全防护措施。

① 交流输入过电压保护功能。

② 交流输入欠电压警告功能。

③ 交流输入过电流保护功能。

④ 直流输出过电流保护功能。

⑤ 直流输出短路保护功能。

⑥ 输出软启动功能，防止电流冲击。

⑦ 在充电过程中，充电机能保证动力电池的温度、充电电压和电流不超过允许值；并具有单体电池电压限制功能，自动根据电池管理系统的动力电池信息动态调整充电电流。

图 5-18   车载充电机

⑧ 自动判断充电插接器、充电电缆是否正确连接。当充电机与充电桩和动力电池正确连接后，充电机允许开始充电；当充电机检测到与充电桩或动力电池连接不正常时，立即停止充电。

⑨ 充电联锁功能，保证充电机与动力电池连接分开以前车辆不能起动。

⑩ 高压互锁功能，当有危害人身安全的高压时，模块锁定无输出。

⑪ 具有阻燃功能。

3. 车载充电机的安装位置

车载充电机安装在前机舱动力总成上面的二层支架上面，如图 5-19 所示。

图 5-19　车载充电机的安装位置

4. 连接车载充电机的高压线束及接口定义

（1）车载充电机的线束接口及接口定义　以北汽电动汽车为例，车载充电机的线束接口及接口定义如图 5-20 所示。

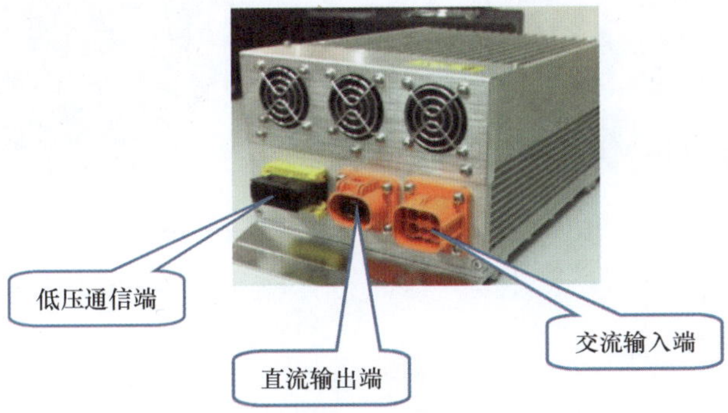

图 5-20　车载充电机的线束接口及接口定义

车载充电机的线束接口分别为低压通信端、直流输出端和交流输入端。低压通信端接口定义如图 5-21 所示，直流输出端接口定义如图 5-22 所示，交流输入端接口定义如图 5-23 所示。

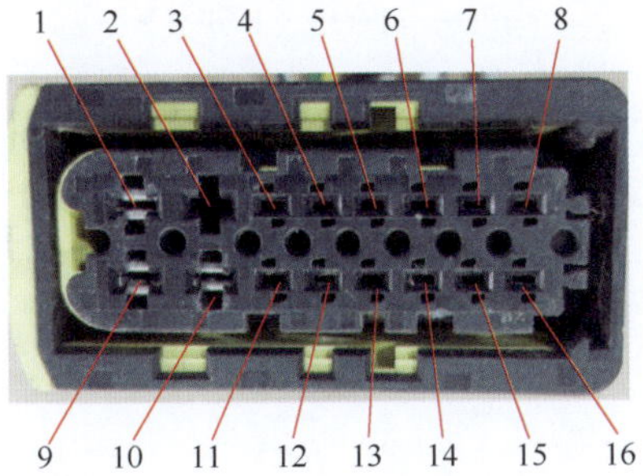

图 5-21　低压通信端接口定义

1 脚—新能源 CAN-L　　2 脚—新能源 CAN-GND　　3 脚、4 脚、6 脚、7 脚、10 脚、12 脚、14 脚——空

5 脚—互锁输出（到高压控制盒低压插件）　8 脚—GND　9 脚—新能源 CAN-H　11 脚—CC 信号输出

13 脚—互锁输入（到空调压缩机低压插件）　15 脚—12V＋OUT　16 脚—12V＋IN

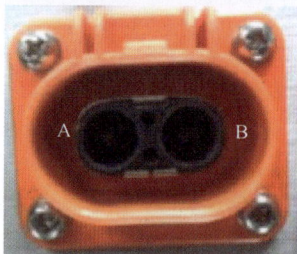

图 5-22　直流输出端接口定义

A 脚—电源负极　B 脚—电源正极

图 5-23　交流输入端接口定义

1 脚—L（交流电源）　2 脚—N（交流电源）　3 脚—PE

（车身搭铁）　4 脚—空　5 脚—CC（充电

连接确认）　6 脚—CP（控制确认线）

（2）车载充电机的高压线束　图 5-24、图 5-25 所示为慢充口到车载充电机之间的高压线束。

图 5-24　慢充口到车载充
电机之间的高压线束

图 5-25　接口针脚

1 脚—L（交流电源）　2 脚—N（交流电源）

3 脚—PE（车身搭铁）　4 脚—空

5 脚—CC（充电连接确认）

6 脚—CP（控制确认线）

二、检查与维护车载充电机

（重要提示：在对电动汽车高压部件进行维护之前，一定要做好高压安全防护准备。）

1. 检查与维护车载充电机外观

检查车载充电机外观，检查外壳是否有明显碰撞痕迹，外壳有无变形及破损，必要时进行更换。

2. 检查与维护车载充电机连接线束

检查车载充电机各连接线束有无破损、裂纹，高低压接线端子连接是否牢靠，有无松动，如图 5-26 所示。

图 5-26　检查与维护车载充电机连接线束

3. 检查与维护车载充电机紧固螺栓

检查车载充电机紧固螺栓有无锈蚀，紧固力矩是否足够，如图 5-27 所示。

图 5-27　检查与维护车载充电机紧固螺栓

注意事项

车载充电机紧固螺栓的紧固力矩为（45±5）N·m。

4. 检查车载充电机风扇

检查车载充电机风扇转动是否灵活，挡风圈上有无异物，必要时清洁外表面，如图 5-28 所示。

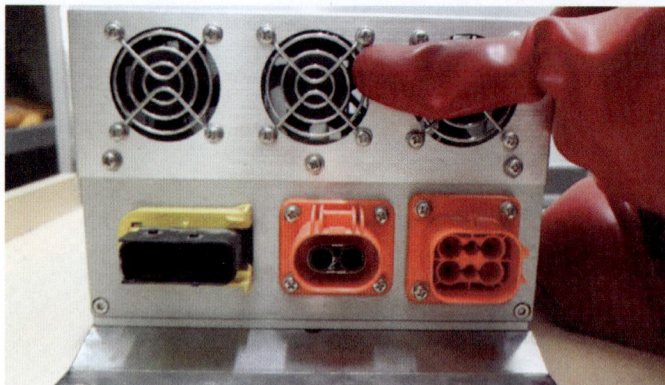

图 5-28　检查车载充电机风扇

5. 检查车载充电机冷却管路

　　检查车载充电机冷却管路连接处是否出现液体泄漏及渗出，检查散热器总成左右侧水室密封处，有无渗漏现象，如图 5-29 所示；如出现液体渗漏需立即进行维修。

图 5-29　检查车载充电机冷却管路

6. 检查车载充电机的绝缘性能

　　检查车载充电机的绝缘性能，需要绝缘表笔测量绝缘电阻，将表笔负极与电缆外壳或车身搭铁点充分有效连接，正表笔分别测量端子 E、端子 F，单击测试键进行读数，测得绝缘电阻，与标准值进行比较，判断其绝缘性能是否正常，如图 5-30 所示。

注意事项

　　在工作温度 23℃ ±2℃ 和相对湿度为 45%~75%RH 时，车载充电机正负极输出与车身（外壳）之间的绝缘电阻 ≥1000MΩ。

7. 检查车载充电机工作状态

检查车载充电机工作状态需要对车辆进行充电，查看指示灯是否正常，图 5-31 所示为车载充电机指示灯。

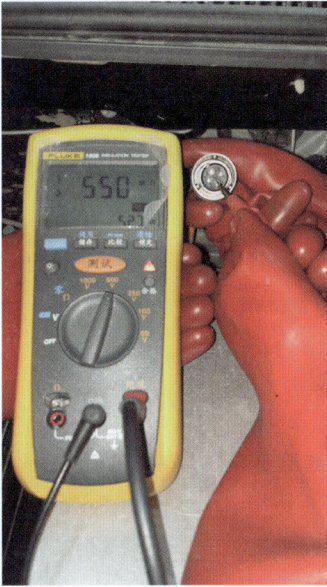

图 5-30　检查车载充电机
的绝缘性能

图 5-31　车载充电机指示灯

小贴士

车载充电机指示灯定义

Power 灯：电源指示灯，当接通交流电后，电源指示灯亮起。

Charge 灯：当充电机接通动力电池进入充电状态后，充电指示灯亮起。

Error 灯：警告灯，当充电机内部有故障时亮起。

检测查看车载充电机工作状态是否正常的方法如下：

1）当充电正常时，Power 灯和 Charge 灯点亮。

2）当启动半分钟后仍只有 Power 灯点亮时，有可能为动力电池无充电请求或已充满。

3）当 Error 灯点亮时，说明充电系统出现异常。

4）当充电灯都不亮时，检查充电桩、车载充电机以及充电线束及插接件。

知识拓展

　　快充系统一般使用工业 **380V** 三相电，通过功率变换后，将高压大电流通过母线直接给动力电池进行充电。快充系统主要部件有电源设备（快充桩如图 5-32 所示）、快充接口、车内高压线束、高压配电盒、动力电池等。

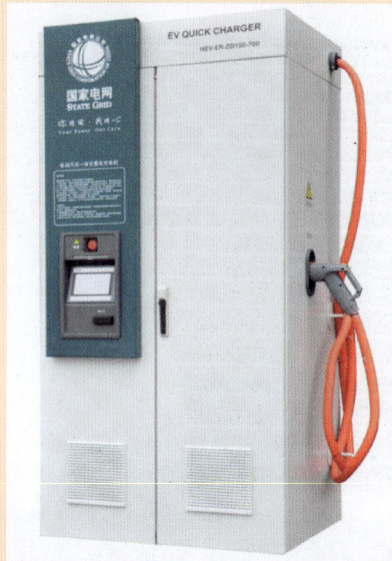

图 5-32　快充桩

学习任务3 检查与维护高压控制盒

【学习目标】

1. 掌握高压控制盒的功用、安装位置和接口定义。
2. 掌握检查与维护高压控制盒的方法和注意事项。

【任务描述】

高先生的一辆北汽 EV200 电动汽车已经行驶了 10 000km，根据厂家规定需要对车辆进行维护，在维护过程中需要对高压控制盒进行定期的检测与维护，作为维修人员，利用本学习任务所学知识，根据现场工作管理规范，来对高先生的电动汽车进行维护工作。

【知识准备】

一、高压控制盒的认知

1. 高压控制盒的功用

高压控制盒如图 5-33 所示，能够对整车高压配电进行管理，实现对各路输出分别控制，对高压安全进行管理，有过电流、过电压、过温保护功能，同时具备 CAN 通信功能，实时交换数据。新能源汽车通常在大功率的电力环境下运行，有的电压高达 700V 以上，电流高达 400A，对高压配电系统的设计及零部件的选用提出了巨大的挑战。高压电源通过高压电缆直接进入高压控制盒后根据各车型系统的需要分配到系统高压电气部件，并且需要保证整个高压系统及各高压电器设备的安全性、绝缘性、电磁干扰屏蔽性等要求。

拆下电动汽车高压控制盒的上盖，可以看到其内部结构，如图 5-34 所示。高压控制盒内部含有 PTC 控制板（图 5-35）、四个熔断器（如图 5-36 所示，四个熔断器从上到下依次为：车载充电机熔断器、DC/DC 熔断器、空调压缩机熔断器、PTC 熔断器）、快充继电器（图 5-37）。

笔记

笔记

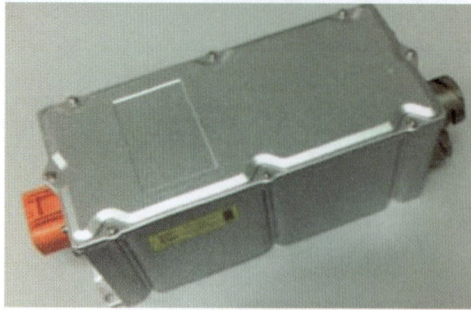

图 5-33　高压控制盒

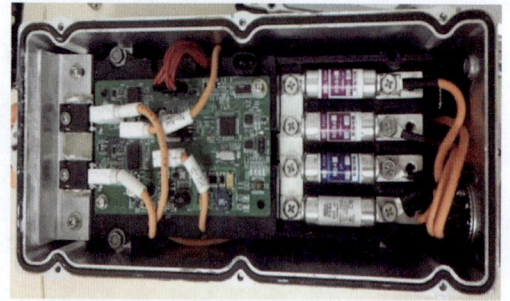

图 5-34　EV200 电动汽车高压控制盒内部结构

图 5-35　PTC 控制板

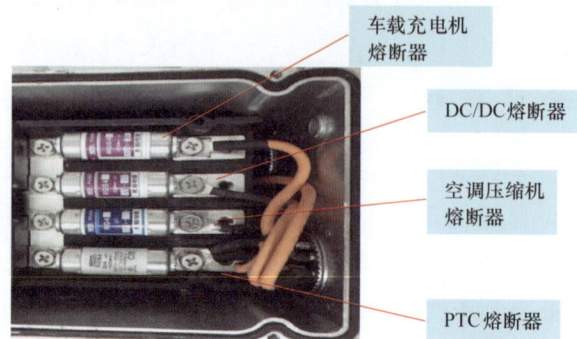

车载充电机
熔断器

DC/DC 熔断器

空调压缩机
熔断器

PTC 熔断器

图 5-36　高压控制盒内部的四个熔断器

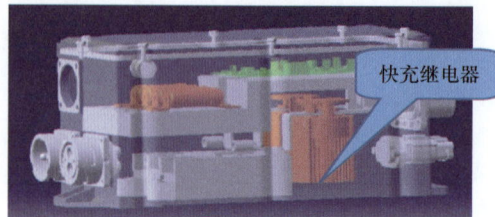

快充继电器

图 5-37　快充继电器

2. 高压控制盒安装的位置

高压控制盒装在前机舱动力总成上面的二层支架上面，如图 5-38 所示。

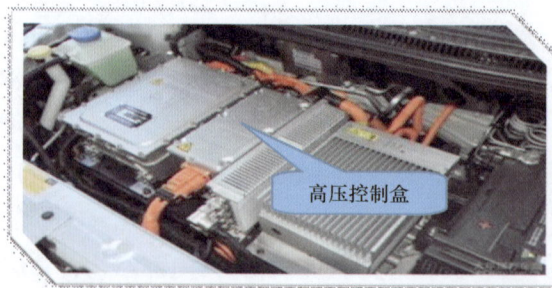

高压控制盒

图 5-38　高压控制盒的安装位置

笔 记

3. 连接高压控制盒的高压线束及接口定义

（1）高压控制盒的线束接口及接口定义　高压控制盒的线束接口及接口定义如图5-39所示。

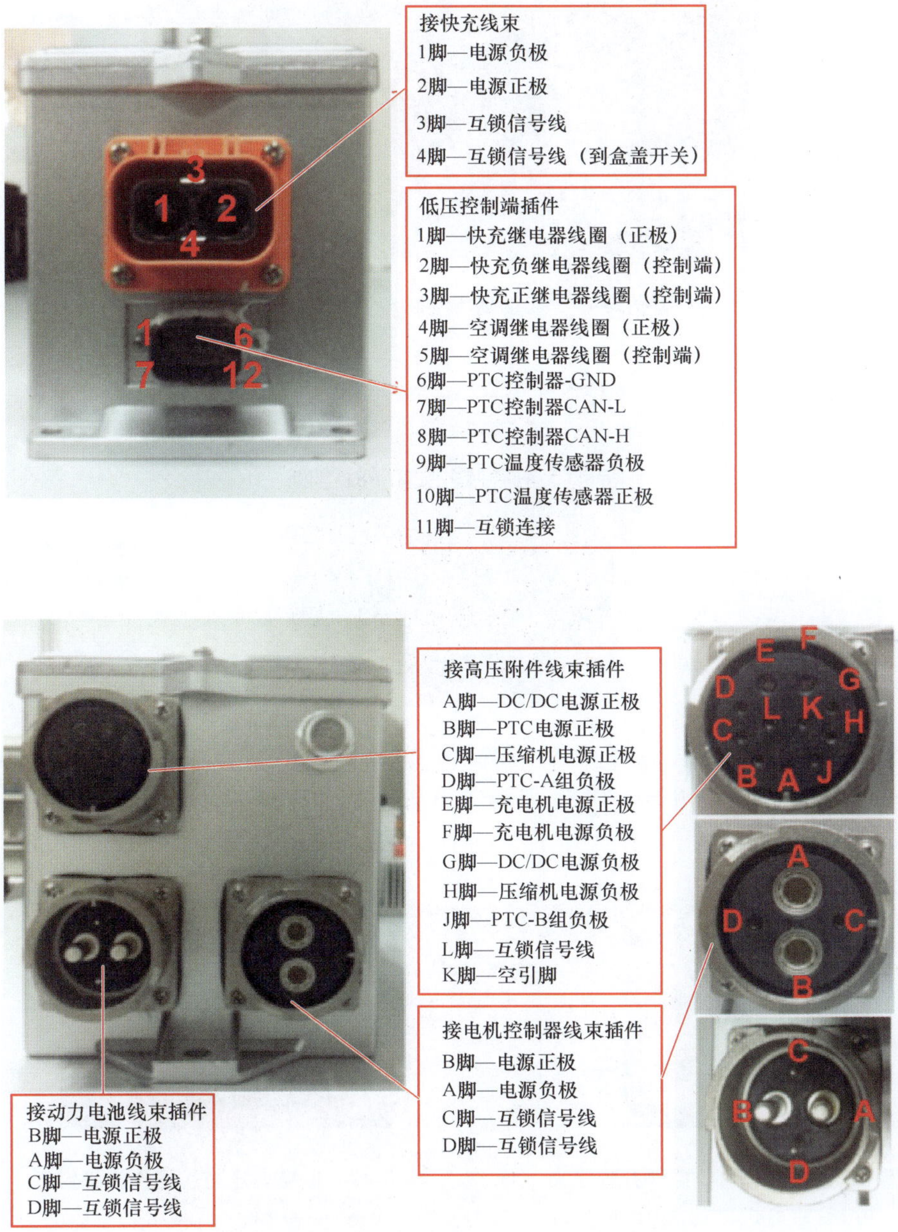

接快充线束
1脚—电源负极
2脚—电源正极
3脚—互锁信号线
4脚—互锁信号线（到盒盖开关）
3
1
2
4
低压控制端插件
1脚—快充继电器线圈（正极）
2脚—快充负继电器线圈（控制端）
3脚—快充正继电器线圈（控制端）
4脚—空调继电器线圈（正极）
5脚—空调继电器线圈（控制端）
6脚—PTC控制器-GND
7脚—PTC控制器CAN-L
8脚—PTC控制器CAN-H
9脚—PTC温度传感器负极
10脚—PTC温度传感器正极
11脚—互锁连接
1
6
7
12
接高压附件线束插件
A脚—DC/DC电源正极
B脚—PTC电源正极
C脚—压缩机电源正极
D脚—PTC-A组负极
E脚—充电机电源正极
F脚—充电机电源负极
G脚—DC/DC电源负极
H脚—压缩机电源负极
J脚—PTC-B组负极
L脚—互锁信号线
K脚—空引脚
E F G D L K H C B A J
接电机控制器线束插件
B脚—电源正极
A脚—电源负极
C脚—互锁信号线
D脚—互锁信号线
A D C B
C B A D
接动力电池线束插件
B脚—电源正极
A脚—电源负极
C脚—互锁信号线
D脚—互锁信号线

图5-39　高压控制盒的线束接口及接口定义

（2）连接高压控制盒的高压线束　连接高压控制盒的高压线束如图5-40所示，它分别连接高压控制盒到DC/DC、车载充电机、空调压缩机、空调PTC之间。

1）接高压控制盒的插件针脚定义如图5-7所示。

2）接充电机插件针脚定义如图5-41所示。

3）接空调PTC插件针脚定义如图5-42所示。

4）接空调压缩机插件针脚定义如图5-43所示。

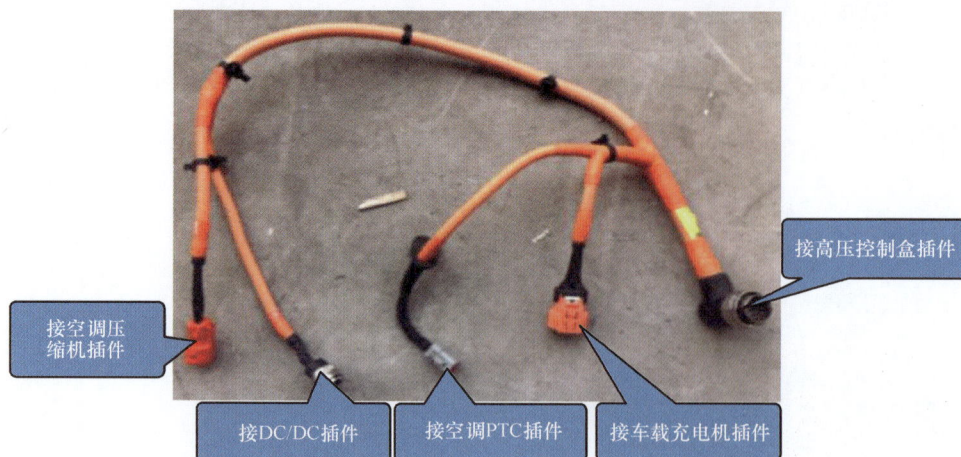

接空调压缩机插件

接DC/DC插件

接空调PTC插件

接车载充电机插件

接高压控制盒插件

图 5-40   连接高压控制盒的高压线束

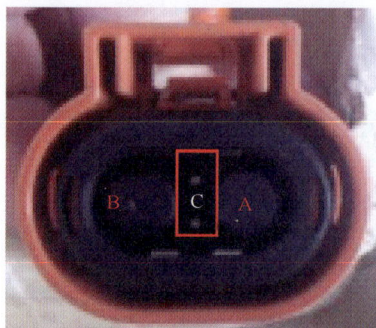

图 5-41   接充电机插件针脚定义

A 脚—电源负极   B 脚—电源正极   C—中间互锁端子

图 5-42   接空调 PTC 插件针脚定义

1 脚—PTC- A 组负极   2 脚—PTC- B 组负极

3 脚—电源正极   4 脚—互锁信号线

图 5-43   接空调压缩机插件针脚定义

1 脚—电源正极   2 脚—电源负极

3 脚—中间互锁端子

二、检查与维护高压控制盒

（重要提示：在对电动汽车进行维护之前，一定要做好高压安全防护准备。）

1. 检查与维护高压控制盒的外观

检查高压控制盒外表面清洁无异物，以确保其能够及时散热。检查高压控制盒的外壳有无明显碰撞、变形，必要时进行更换。

2. 检查与维护高压控制盒的连接线束

检查高压控制盒各连接线束有无破损、裂纹，高低压接线端子连接是否牢靠，无松动，如图 5-44 所示。

图 5-44　检查与维护高压控制盒的连接线束

3. 检查与维护高压控制盒的紧固螺栓

检查高压控制盒紧固螺栓有无锈蚀，紧固力矩是否足够，如图 5-45 所示。

注意事项

高压控制盒紧固螺栓的紧固力矩为（45±5）N·m。

4. 检查高压控制盒的绝缘性能

检查高压控制盒的绝缘性能，需使用绝缘表测量高压接口和高压电缆的绝缘阻值。高压线束高压控制盒 11 芯插件绝缘阻值测量方法：高压控制盒连接 11 芯高压电缆是集成空调压缩机、车载充电机、DC/DC、PTC 的高压线束总成，当检测高压线束总成的绝缘阻值时，首先需要高压线束与各连接用电器件处完全断开，否则无法确定高压线

笔记

素质养成：注重培养自身牢固的安全意识，对于高压部件，严格按照企业高压安全操作的要求进行操作。

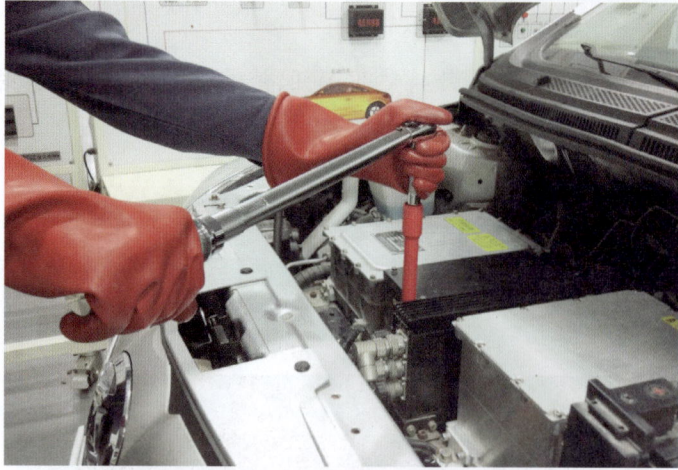

图 5-45　检查与维护高压控制盒的紧固螺栓

束总成绝缘阻值是否正常，检测方法如图 5-46 所示，将绝缘表黑表笔与电缆外壳或车身搭铁点充分有效连接，红表笔逐个测量高压控制盒高压接口。其他高压接口和电缆线检测方法相同。绝缘阻值应大于 $500\Omega/V$。

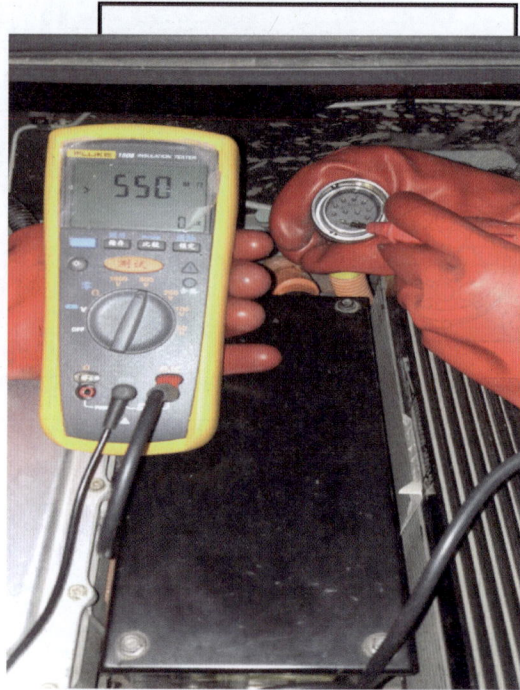

图 5-46　检查高压控制盒的绝缘性能

学习任务4　检查与维护高压附件

【学习目标】

1. 认知电动汽车的高压附件。
2. 掌握检查与维护高压附件的方法和注意事项。

【任务描述】

作为维修人员请你对张先生的一辆北汽 EV200 电动汽车的高压附件进行日常的检测维护，利用本学习任务所学知识，根据现场工作管理规范，完成工作任务。

【知识准备】

近期深圳比亚迪 e6 纯电动出租车发生了被撞起火事件。对于燃烧起火的原因，专家组认为：在受到两次严重碰撞后，e6 纯电动出租车车身后部及动力电池托盘严重变形、动力电池组和高压配电箱受到严重挤压，导致部分动力电池破损与短路，高压配电箱内的高压线路与车体之间形成回路，产生电弧，引燃内饰材料及部分动力电池等可燃物质。由此可见，高压线束回路的安全性关系到人身的安全，其中重要性不言而喻，所以电动汽车的高压附件，例如高压线束，应根据维护手册需要进行定期的检查与维护。

本节所指的高压附件含各高压线束、充电线和充电口盖。

一、电动汽车高压线束认知

高压线束是电动汽车里面的高压电缆和高压接口，在整车运行当中是连接所有重要部件非常关键连接件。

1. 线束常用规格

汽车线束内的电线常用规格有标称截面积 $0.5mm^2$、$0.75mm^2$、$1.0mm^2$、$1.5mm^2$、$2.5mm^2$、$4.0mm^2$、$6.0mm^2$ 等，它们各自都有允许负载电流值，配用于不同功率用电

设备的导线。

以整车线束为例，不同规格线束的用途分类见表 5-1。

表 5-1　不同规格线束的用途分类

序　号	截面积规格/mm²	用　　途
1	0.5	适用于仪表灯、指示灯、门灯、顶灯等
2	0.75	适用于牌照灯、前后示宽灯、制动灯等
3	1.0	适用于转向灯、雾灯等
4	1.5	适用于前照灯、喇叭等
5	2.5	主电源线，例如发电机电枢线、搭铁线等
6	4.0	
7	>6.0	蓄电池的搭铁线、正极电源线、高压线束

2. 常用材料

（1）波纹管　波纹管如图 5-47 所示，在线束包扎中一般占到 60% 左右，甚至更多，其主要的特点就是有较好的耐磨性、耐高温性、阻燃性和耐热性。波纹管的耐热温度在 −40 ~ 150℃ 范围内。前机舱线束工作环境恶劣，因此大部分用高阻燃性、防水、机械强度高的波纹管包扎。底盘线束因与车体接触部位较多，因此用波纹管包扎防止线束磨损。

（2）PVC 管　PVC 管的功用和波纹管差不多，PVC 管如图 5-48 所示，其柔软性和抗弯曲变形性较好，而且 PVC 管一般为闭口，所以 PVC 管主要用于线束拐弯的分支处，以便使导线圆滑过渡。PVC 管的耐热温度不高，一般在 80℃ 以下。

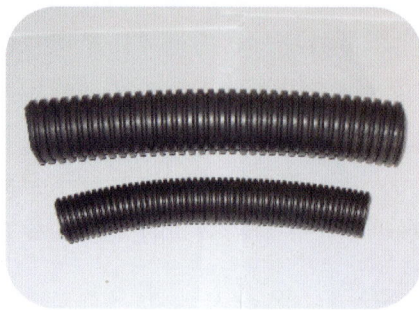

图 5-47　波纹管

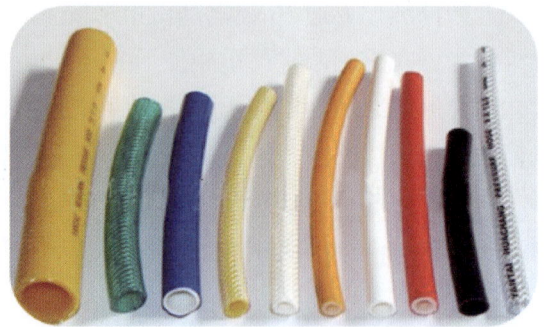

图 5-48　PVC 管

（3）胶带　胶带如图 5-49 所示，在线束中起到捆扎、耐磨、绝缘、阻燃、降噪、作标记等作用，在包扎材料中一般占到 30% 左右。线束用胶带一般分为 PVC 胶带、气绒布胶带和布基胶带三种。仪表线工作空间较小，环境相对较好，可用胶带全缠或花缠。门线和顶篷线工作空间较小，可用胶带全缠，部分枝干可用工业塑料布包扎；较细的顶篷线可直接用海绵胶带粘在车身上。

3. 高压线束功能

汽车线束是汽车电路的网络主体，连接汽车内部各种电子电气部件。如果把现代汽车比作人体，ECU 相当于人的大脑，发动机相当于人的心脏，底盘相当于人的双腿，机油相当于人的血液，传感器相当于感觉器官，执行元件相当于运动器官，而线束就相当于人的神经脉络了。在目前，无论是高级豪华汽车还是经济型普通汽车，线束的组成形式基本上是一样的，都是由电线、连插件和包裹胶带组成的，它既要确保传送电信号，也要保证连接电路的可靠性，向电子电气部件供应规定的电流值，并防止对周围电路的电磁干扰。电动汽车的高压线束如图 5-50 所示。其主要功能是安全传递电流。

图 5-49　胶带

图 5-50　电动汽车的高压线束

注意事项

根据国家标准，高压线束外观必须使用橘色，以起到高压警示作用。

4. 高压线束应达到的性能要求

高压电缆承载的电流较大，线束的直径随之变粗，这使布线走向以及电磁干扰和屏蔽就显得非常重要。高压线束要在车内的较小空间布置，必须有良好的柔软性；高压线束处于车上的高振动环境，必须有良好的耐磨性；为避免车内走线的安全隐患，高压线束一般从外部穿过，必须有良好的机械防护。

1）电压要求。根据电动汽车的电压级别为 B 级，整车高压的额定电压为 DC1000V、AC660V；高压线束的额定电压需略高于整车额定电压，规定高压线束的额定电压为 AC750V。

2）耐电压。根据 GB/T 18488.1，彼此无电连接的电路之间介电强度应能耐受（$2U_{AC}+1000$）的试验电压，即在线束与部件脱开的情况下，线束对车体耐电压 AC2500V/50Hz/1min，漏电流不超过 10mA，不发生闪烁击穿现象。

3）绝缘电阻。根据 SAE J1742，绝缘电阻测试电压为 DC 1000V，在线束与所连接部件脱开的情况下，线束对车体绝缘电阻在任何情况下均应大于 100MΩ。

4）阻燃要求。线束所用的材料要求阻燃等级为 UL94V-0。

5）较高的电磁屏蔽要求。针对汽车行驶中高振动状态下对插接器及线束电性能高可靠性的要求，采用较高可靠性的线缆与屏蔽外层绝缘。

6）防误插设计。

7）优越的耐冲击和振动能力。采用两次自锁结构，锁紧后可听到清晰的锁紧声。

8）盐雾要求。

5. 高压线束设计原则

1）双线制设计。电动汽车高压部件一般有动力电池、空调压缩机、电动暖风和驱动电机、充电机和 DC/DC 变换器。由于高压部件多为大功率器件，为保证运转良好、安全无漏电，高压电气系统设计均采用双线制。

小贴士

双线制电路是用导线将电源和用电设备连接起来并使电流通过的回路。也就是说，电流从电源的正极出发，通过导线到用电设备，再由导线到电源负极所构成的回路。这样，电源到用电设备之间就必须有两根导线，即双线。

单线制电路是从电源到用电设备只用一根导线连接，另一根导线是靠发动机、底盘及车架等金属机件代替而构成回路的（即搭铁）。汽车上这种电路称为单线制电路。

笔记

2）高低压系统分离式设计将高低压线束分离开来，避免将高压系统产生的电磁干扰引入低压系统，保证低压系统通信、控制信号不受干扰。

3）线束的保护套包括波纹管、热缩套管，波纹管的颜色采用橙色（GB30）。采用不同颜色的热缩套管对极性进行区分，正极为红色，负极为蓝色，U 相为黄色，V 相为绿色，W 相为红色。

4）高压电缆从类型上分为单芯电缆和多芯电缆，高压电缆的截面应为圆形。其护套颜色为橙色（颜色 GB30）。多芯电缆由多个单芯线组成。

6. 电动汽车高压线束分布

电动汽车整车共分为五段高压线束，分别为动力电池高压线束、电机控制器高压线束、快充线束、慢充线束、高压附件线束。

1）动力电池高压线束。动力电池高压线束是连接动力电池到高压控制盒之间的高压线束，如图 5-51 所示。

图 5-51　动力电池高压线束

2）电机控制器高压线束。电机控制器高压线束是连接高压控制盒到电机控制器之间的高压线束，如图 5-52 所示。

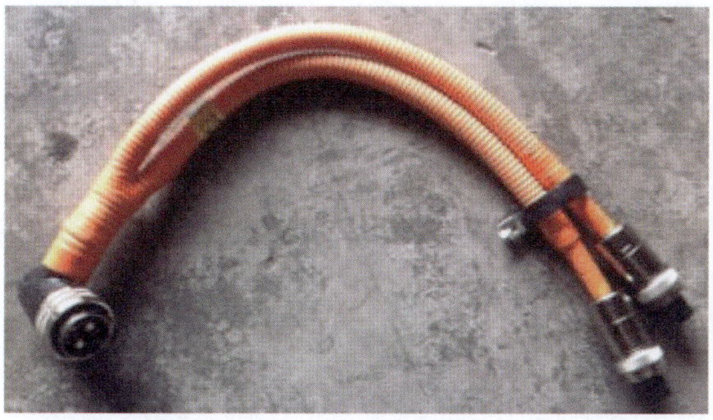

图 5-52　电机控制器高压线束

3）快充线束。快充线束是连接快充口到高压控制盒之间的高压线束，如图 5-53 所示。

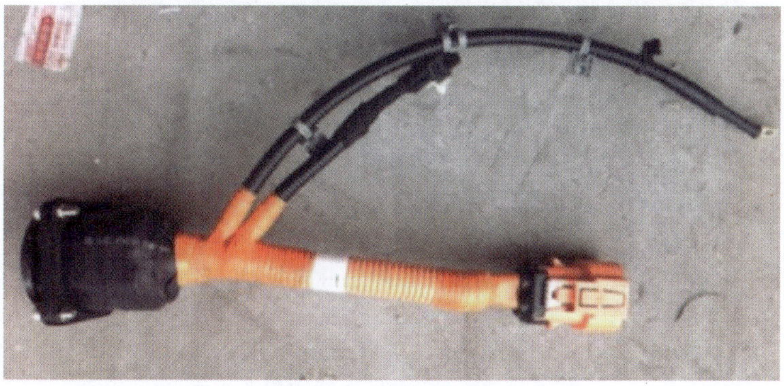

图 5-53　快充线束

4）慢充线束。慢充线束是连接慢充口到车载充电机之间的高压线束，如图 5-54 所示。

图 5-54　慢充线束

5）高压附件线束。高压附件线束是连接高压控制盒到 DC/DC、车载充电机、空调压缩机、空调 PTC 之间的高压线束。

二、检查与维护高压附件

（重要提示：在对电动汽车高压部件进行维护之前，需进行断电流程，一定要做好高压安全防护准备。）

高压线束需定里程进行维护，依据保养手册，每 12 000km 检查维护项目如下：

1. 检查高压线束外观

检查高压线束外观如图 5-55 所示，目测检查高压线束过线孔、过线护套等防护是否完好，线束是否出现磨损，底盘高压线缆保护套有无进水、老化、破损，高压线束固定卡子有无损坏。

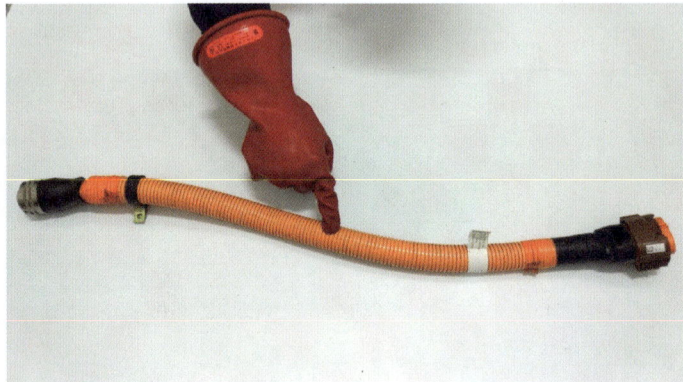

图 5-55　检查高压线束外观

2. 检查高压线束电缆与插接器插件之间是否松动

目测检查高压线束电缆与插接器插件之间是否松动，线束根部有无过热、变形、松脱现象，如图 5-56 所示。

图 5-56　检查高压线束电缆与插接器插件之间

3. 检查充电线

检查充电线功能、外观及其插头状态。目测充电线外观是否有破损、裂痕，检查充电枪解除锁止按钮是否卡滞，是否能完全复位，同时进行充电测试，检测充电线是否导通。

> **注意事项**
>
> 在充电过程中充电线会产生热量，如有破损，请及时更换。避免产生危险对人员或车辆造成损坏。

判断充电线是否导通的另一检查方法：使用万用表分别测量充电桩端充电枪的 N、L、PE、CC、CP 脚和相对应的车辆充电枪 N、L、PE、CC、CP 脚是否导通，测量阻值应小于 0.5Ω，否则需更换充电线总成，如图 5-57 所示。

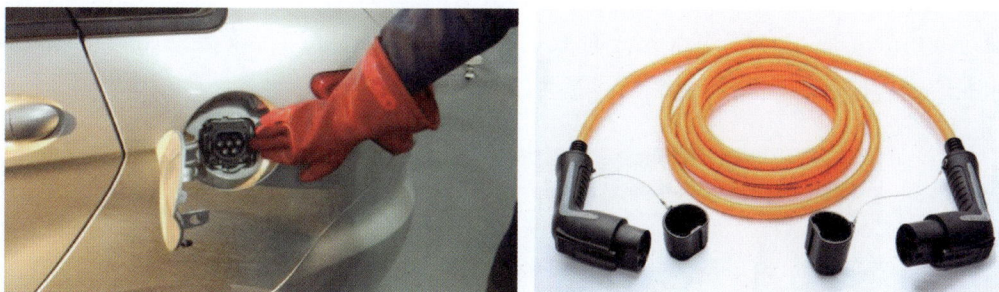

图 5-57　检查充电线

4. 检查充电口盖开关状态

> **注意事项**
>
> 如果充电口盖出现问题，车辆无法正常起动。

检查方法：

1）当充电口盖打开时，仪表充电指示灯应常亮；当关闭充电口盖时仪表充电指示灯应熄灭。

2）检查充电口盖能否正常开启或关闭，如图 5-58 所示。

5. 检查电动汽车高压线束的绝缘性能

电动汽车较高的工作电压对高压系统与车辆底盘之间的绝缘性能提出了更高的要求。为了消除高压系统对人员和车辆的潜在威胁，需要检测其绝缘性能，才能保证电动汽车的高压电气安全性。

（1）绝缘电阻要求　在最大工作电压下，直流电路绝缘电阻的最小值应至少大于 $100\Omega/V$，交流电路应至少大于 $500\Omega/V$。整个电路为满足以上要求，依据电路的结构和组件的数量，每个组件应有更高的绝缘电阻。

（2）高压线束绝缘性能检测方法　以检测电机控制器高压线束为例，检测其绝缘

图 5-58　检查充电口盖开关状态

性能。检查方法为：使用绝缘表笔测量绝缘电阻，将表笔正极与线束内芯接触，表笔负极与线束外壳或车身搭铁点充分有效连接，单击测试键进行读数，测得绝缘电阻，与标准值进行比较，判断其绝缘性能是否正常，如图 5-59 所示。

图 5-59　高压线束绝缘性能检测

空调系统的检查与维护

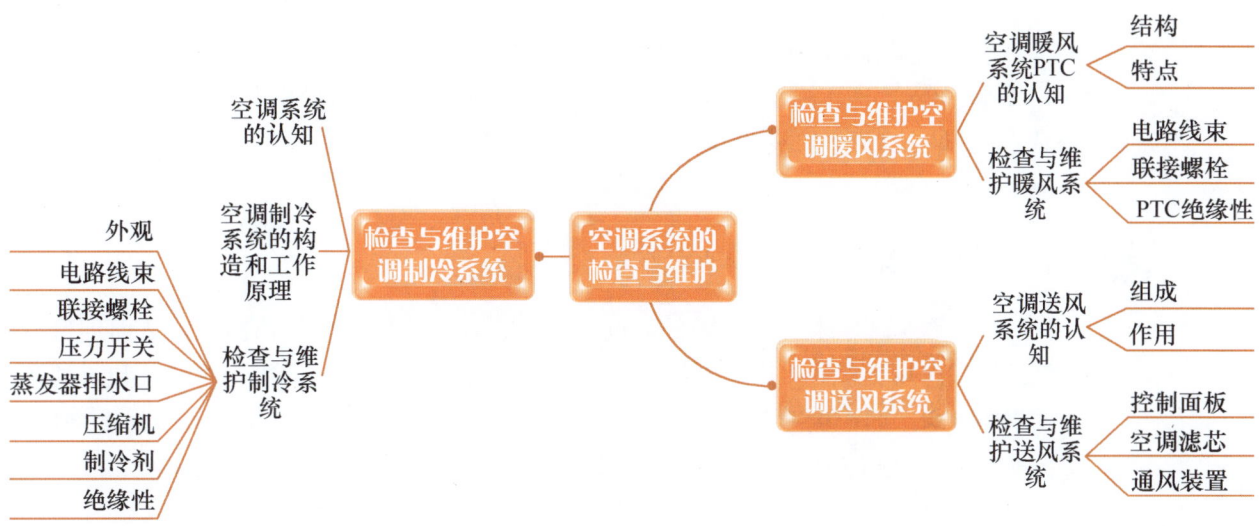

空调暖风系统PTC的认知 ── 结构
空调暖风系统PTC的认知 ── 特点

检查与维护暖风系统 ── 电路线束
检查与维护暖风系统 ── 联接螺栓
检查与维护暖风系统 ── PTC绝缘性

检查与维护空调暖风系统

空调系统的检查与维护

空调系统的认知

空调制冷系统的构造和工作原理

检查与维护制冷系统 ── 外观
检查与维护制冷系统 ── 电路线束
检查与维护制冷系统 ── 联接螺栓
检查与维护制冷系统 ── 压力开关
检查与维护制冷系统 ── 蒸发器排水口
检查与维护制冷系统 ── 压缩机
检查与维护制冷系统 ── 制冷剂
检查与维护制冷系统 ── 绝缘性

检查与维护空调制冷系统

检查与维护空调送风系统

空调送风系统的认知 ── 组成
空调送风系统的认知 ── 作用

检查与维护送风系统 ── 控制面板
检查与维护送风系统 ── 空调滤芯
检查与维护送风系统 ── 通风装置

学习任务 1　检查与维护空调制冷系统

【学习目标】

1. 了解制冷系统的组成。
2. 理解制冷系统的构造和工作原理。
3. 掌握制冷系统的检查与维护及注意事项。

【任务描述】

李先生的电动汽车行驶了 20 000km 后，打开空调时发现空调制冷效果不够好，想给他爱车的空调做一次全面检查。为了确保空调系统的正常使用，你作为一名 4S 店的技师，在接到这个任务后应该如何对空调制冷系统进行检查与维护呢？

【知识准备】

汽车空调系统用来调节车内的温度、湿度、气流速度和空气洁净度，从而创造清新舒适的车内乘员环境。汽车空调是衡量汽车功能的标志之一，在任何气候和行驶条件下，通过对车厢内的空气进行调节达到人体最适宜状态，改善驾驶人的驾驶环境，提高乘客乘坐的舒适性。

一、空调系统的认知

汽车空调系统的组成主要有三部分：制冷系统、暖风系统、送风系统。

空调制冷和供暖系统的主要组成部分如图 6-1 所示。

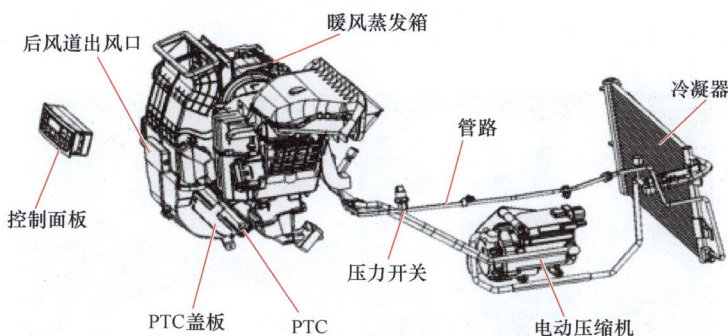

图 6-1　空调制冷和供暖系统的主要组成部分

二、空调制冷系统的构造和工作原理

空调制冷系统由电动压缩机、冷凝器、压力开关、储油罐、膨胀阀、蒸发器及管路等组成。

电动汽车空调制冷系统的工作原理和传统燃油汽车是一样的，利用空气的热传递效应将空气中的热量向低温处传播。当蒸发器处于低温时，会吸收外部热量，以制冷剂作为传导介质被压缩机抽走，制冷剂经压缩机压缩后温度上升，此时制冷剂温度比外部环境温度高出许多，高温制冷剂流入冷凝器，通过电风扇向外界排放热量，降低温度，然后经膨胀节流作用生成低温制冷剂流入蒸发器，进行工作循环，不断地抽取车厢内的热量，从而达到降温效果。当制冷系统工作时，制冷剂以不同的状态在这个密闭系统内循环流动，每个循环又有四个基本过程，如图 6-2 所示。

笔记

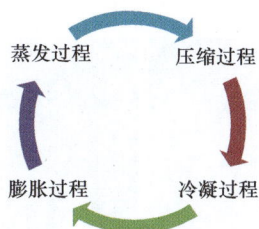

图 6-2　四个基本过程

三、检查与维护制冷系统

（重要提示：在对电动汽车高压部件进行维护之前，一定要做好高压安全防护准备。）

1. 检查制冷系统外观

1）检查空调制冷系统各管路接头处是否有油污及灰尘，如果有油污灰尘则有可能泄漏，若有泄漏则维修或更换。

①打开前机舱盖，检查高压维修阀及高压管路接口是否泄漏，如图6-3所示。

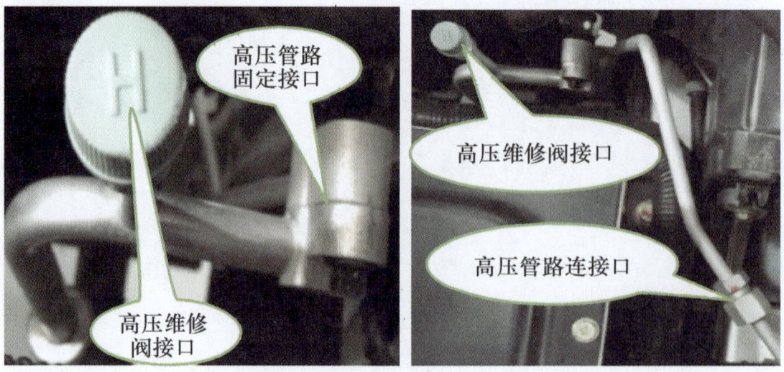

图6-3　高压维修阀及连接管路位置

②检查低压维修阀及高低压管路接口是否泄漏和紧固状态，如图6-4所示。

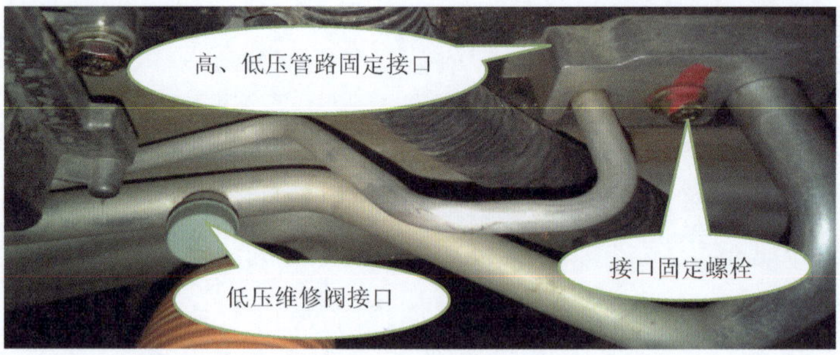

图6-4　低压维修阀接口及高低压管路固定位置

③举升车辆检查冷凝器和压缩机管路接口是否泄漏和紧固状态，如图6-5所示。

图6-5　冷凝器高压接口和压缩机高低压接口位置

2）检查冷凝器表面是否有脏污，可用气枪吹净。

3）检查散热片是否有倒伏变形。

4）检查低压管路是否有结霜，如果有结霜则膨胀阀开度过大。

2. 检查电路线束

1）检查电路线束及插接件连接处是否对插到位，有无松动、破损、腐蚀等问题，如图 6-6a 所示，若未达到要求则修复或更换。

2）检查插接件线束波纹管有无破损，如图 6-6b 所示，若有则修复或更换。

3）检查插件内插针是否有退针、弯曲等异常现象，如图 6-6c 所示，如有则修复或更换。

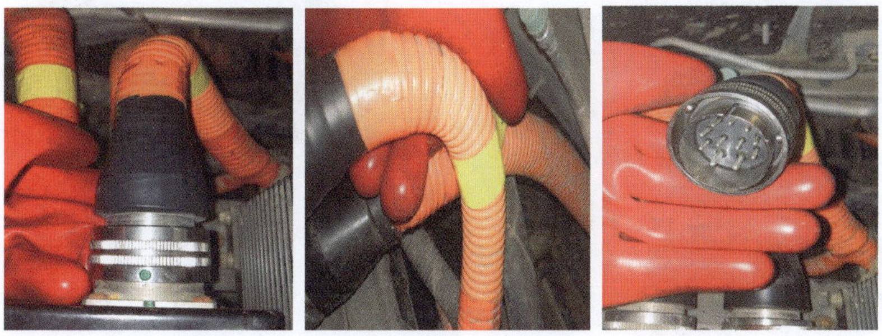

a)　　　　　　　　b)　　　　　　　　c)

图 6-6　检查电路线束

3. 检查联接螺栓

1）检查空调压缩机、散热器、蒸发箱等制冷系统部件螺栓联接是否紧固，确认拧紧力矩是否符合要求，若不符合则进一步拧紧到维修手册上要求的力矩。

2）打开空调，等待压缩机工作后检查安装部位是否达标，确认各连接点未漏装 O 形圈，螺栓拧紧。

4. 检查制冷剂

检查制冷剂加注量是否符合标准，若制冷剂不足，应按标准加注制冷剂至标准值。制冷剂加注过程和传统燃油汽车相同。

1）制冷系统抽真空。

2）将歧管表组和空调制冷机充放机设备连接到制冷系统中。

3）打开吸气和排放阀，然后打开加注阀使加热的制冷剂流入系统。

4）当制冷剂传送停止时，关闭吸气和排放阀。

5）打开低压侧阀将剩余的制冷剂输送到制冷系统中。

6）断开制冷系统维修接口上的加注设备和歧管表组。

7）将防护帽安装到制冷系统维修接口上。

注意事项

电动汽车中不能使用荧光剂查漏和检测。

🚗 知识拓展

常用空调维护设备有：R134a冷媒回收自动加注机、歧管压力表组、电子检漏仪、真空泵、荧光检漏仪、冷媒加注储油罐、制冷剂加注开瓶器等设备，如图6-7所示。

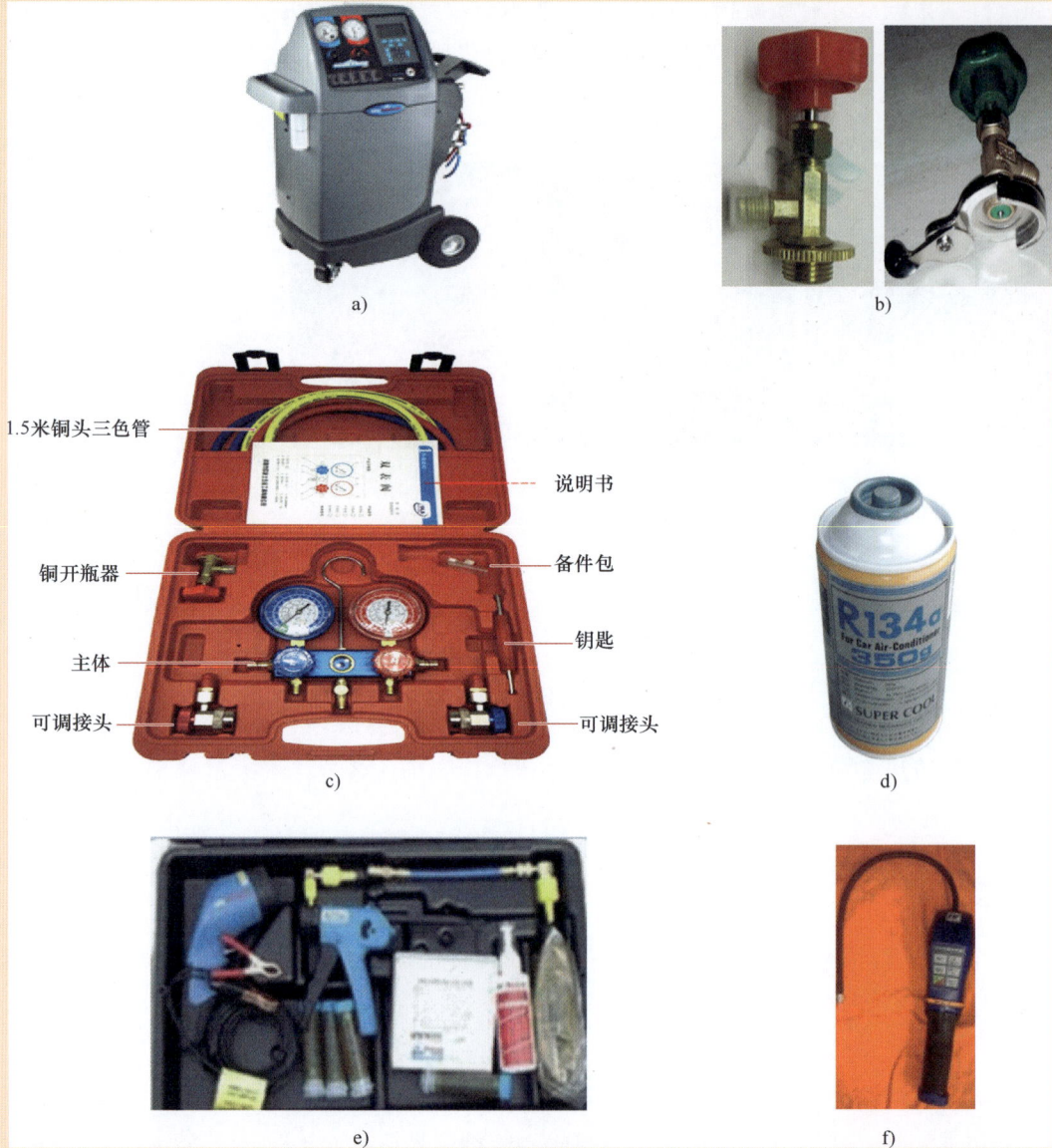

图6-7　常用空调维护设备
a）冷媒回收自动加注机　b）开瓶器　c）歧管压力表组
d）R134a制冷剂　e）荧光检漏仪　f）电子检漏仪

5. 检查压力开关

检查压力开关（图6-8）是否损坏，若损坏则更换压力开关。

6. 检查蒸发器排水口

检查蒸发器排水口固定状态及排水口是否堵塞，如图6-9所示。

图 6-8　空调压力开关

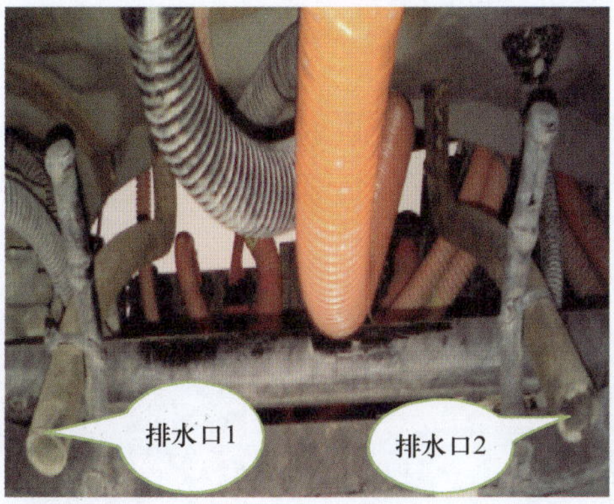

图 6-9　检查蒸发器排水口

7. 检查与维护空调压缩机

1）检查空调压缩机上是否有灰尘、水渍与锈蚀等杂物，应用潮湿的抹布清理，确保晾干后将压缩机重新装回。

2）检查压缩机工作声音是否正常，可用听诊器（图 6-10）直接放在空调压缩机上听取。如果压缩机内有金属摩擦的声音，可能是轴承损坏或异动、静盘异响，需要修复或更换。

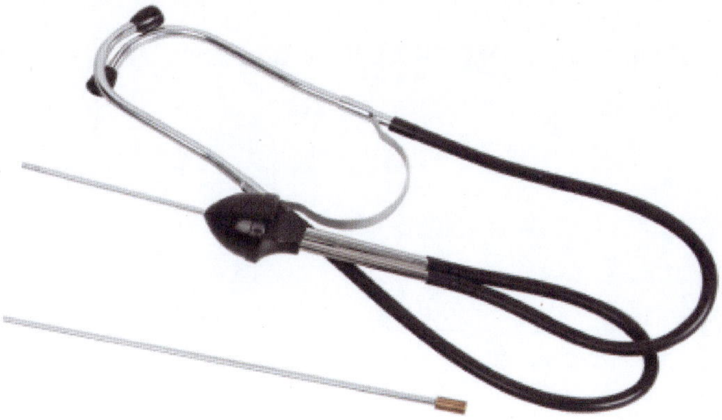

图 6-10　汽车听诊器

如果发现异响应立即关闭空调系统，防止加重损坏程度。

电动汽车上的空调压缩机，除了基础检查和维护外，还需要做哪些检查？

8. 检查与维护压缩机控制器的绝缘性能

笔记

电动汽车的空调压缩机控制器属于高压部件，需要检查空调压缩机控制器正负极的绝缘电阻是否正常。以北汽 EV200 为例，检查方法如下：

（1）绝缘电阻检查　在高低压断电及电容放电以后，用数字绝缘测试仪在 DC 500V下，测试控制器高压端子与外壳间的绝缘电阻是否大于 5MΩ，如图 6-11 所示。若未达到则修复或更换。

（2）高压插接件电阻值检查　在高低压断电及电容放电以后，拔下母端高压插接件，确认压缩机侧公端高压插接件正负极之间的电阻，正常值为 1.7～2MΩ，如图 6-12 所示。若未达到则修复或更换。

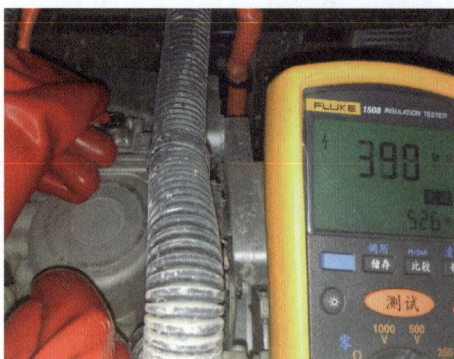

图 6-11　控制器绝缘电阻　　　　图 6-12　正负极间电阻

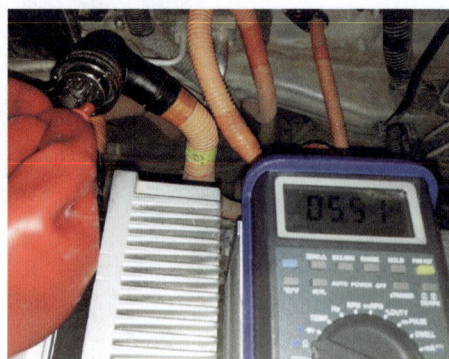

知识拓展

1）压缩机及压缩机控制器是高压电器件在其与电源相连的任何时候接触空调压缩机，操作人员都必须采取必要的安全防护措施。

2）压缩机控制器内部电路自身会在 3min 内放电完毕。若不进行强制放电则需要等待 3min 再取下压缩机控制器以避免电击危险。

学习任务2　检查与维护送风系统

【学习目标】

1. 了解空调送风系统的组成和作用。
2. 掌握空调送风系统的检查与维护及注意事项。

【任务描述】

北方干燥灰尘多，时间一长空调系统中就会被灰尘和细菌侵占。何先生在驾驶自己的 EV200 时，想打开送风系统更换一下车内空气，但是却闻到"奇怪"的味道，于是送去 4S 店检查维护，服务顾问了解清楚情况后把可能的原因告诉了你，作为一名 4S 店的维修技师，应该如何检查与维护空调的送风系统呢？

【知识准备】

随着环境和车辆驾驶条件的影响，电动汽车的空调送风系统对车内安全性和舒适性有一定的影响，同时车内的空气流通和空气质量对驾驶人和乘客的健康也有非常大的影响，所以对电动汽车送风系统的检查与维护必须重视。

一、空调送风系统的认知

1. 送风系统的组成

送风系统的组成主要有：鼓风机、风道、内外转换风门、空调滤芯、出风口等，如图 6-13 所示。

2. 送风系统的作用

送风系统的作用是：空气通过鼓风机的工作气流，将蒸发器和 PTC 形成的冷风或暖风根据驾驶人的需求输送到指定的出风口。

笔记

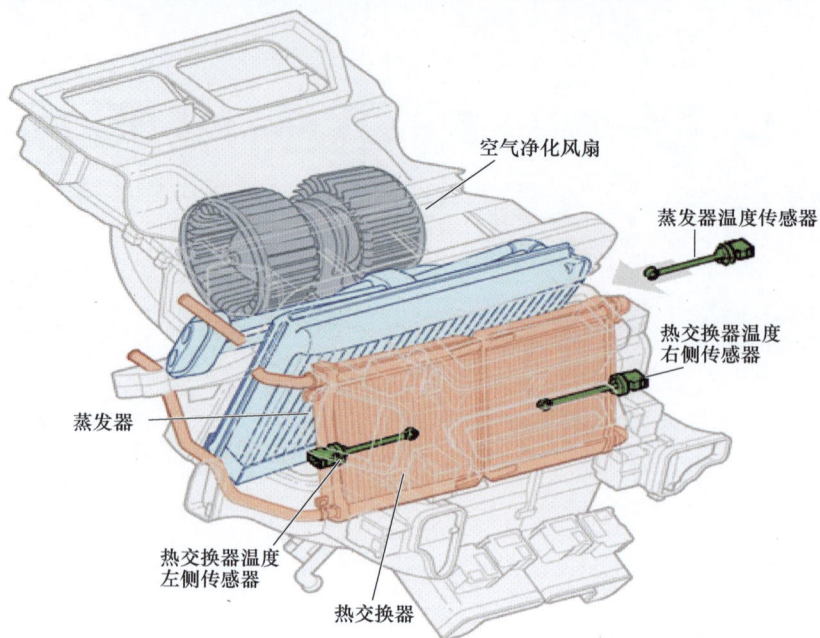

图 6-13　空调送风系统的工作示意图

二、检查与维护送风系统

1. 空调控制面板

空调控制面板有空调压缩机 A/C 开关、风量调节旋钮、前后风窗玻璃除霜按钮、内外循环按钮、冷暖调节旋钮等，如图 6-14 所示。

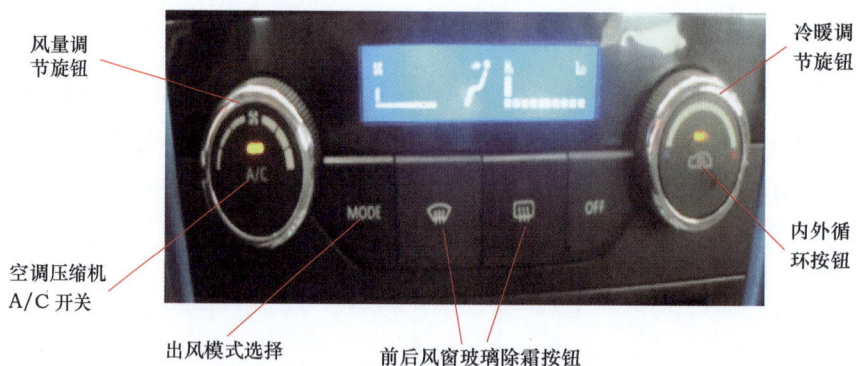

图 6-14　EV200 空调控制面板

知识拓展

按 MOOD 按钮，空调控制面板的显示屏上会显示空调的四种出风模式：吹面模式、吹面吹足模式、吹足模式和吹足除霜模式。按下次数不同，会有不同的出风模式。

2. 检查空调控制面板功能

检查时，转动到 ON 档，按下 A/C 按钮。

1）扭转风量调节旋钮，检查风量是否和调节相符合。

2）按下内外循环按钮，观察空调能否进行内、外循环模式的切换。

3）按 MOOD 按钮，根据显示屏上的出风模式检查各出风口是否正常工作。

4）分别按下前后风窗玻璃除霜按钮，检查出风口是否正常工作。

3. 检查空调滤芯

空调滤芯通过过滤外界进入车厢内部的空气来提高空气的洁净度。检查空调滤芯是否过脏，风速是否正常。确保滤芯清洁，通风良好，无霉无菌，滤芯放置周边密封良好（以 EV200 车型滤芯更换步骤为例）。

1）空调滤芯在副驾驶人搁脚处上方位置，如图 6-15 所示。

盖板固定卡扣　　空调滤芯盖板

图 6-15　空调滤芯安装位置

2）打开空调滤清器盖板后方固定卡扣，取下空调滤清器盖板，如图 6-16 所示。

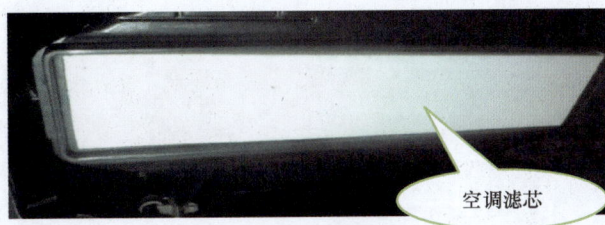

空调滤芯

图 6-16　空调滤芯位置

3）取出空调滤芯，用气枪高压空气喷嘴与滤芯保持 50mm 的距离，以 500kPa 气压吹大约 2min。如果滤芯过脏，则需要更换。

4）当安装空调滤芯时需要注意安装方向，如图 6-17 所示。

4. 检查风道通风装置

检查风道是否过脏或有异响情况，确保风道清洁、通风良好、无异响。

1）检查左侧与右侧风道通风装置的上下左右调节功能和清洁情况，如图 6-18 所示。

2）检查控制面板中央出风口的上下左右调节功能和清洁情况，如图 6-19 所示。

笔记

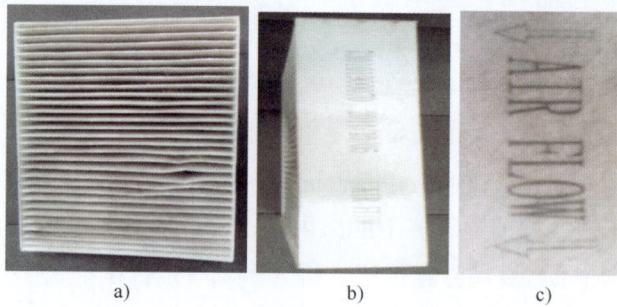

图 6-17　空调滤芯正面、侧面、安装方向
a）正面　b）侧面　c）安装方向

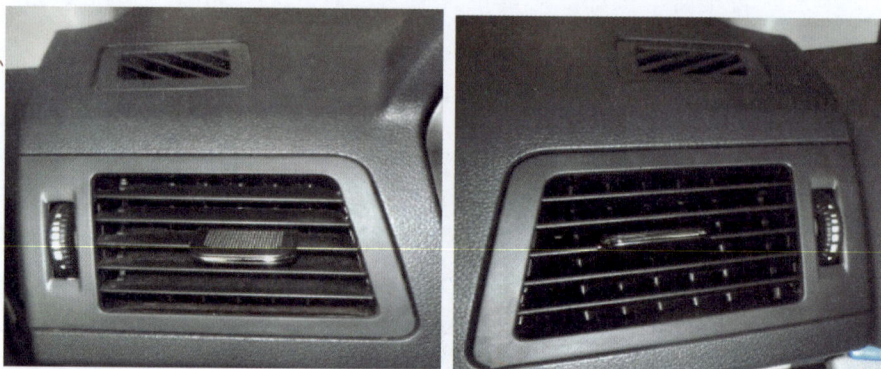

图 6-18　检查左侧与右侧风道通风装置

图 6-19　检查控制面板中央风道通风装置

【学习目标】

1. 了解空调暖风系统 PTC 的结构和特点。
2. 掌握空调暖风系统的检查与维护。

【任务描述】

寒冷的冬季，汽车暖风系统对车内安全性和舒适性有非常大的影响，张小姐的 EV200 打开空调暖风系统后出风温度异常，张小姐就送她的爱车去 4S 店检查，服务顾问了解情况后把可能出现的原因告诉了你，那么作为一名 4S 店的技师，在接到任务后首先应该如何对电动汽车空调的暖风系统进行检查与维护呢？

【知识准备】

电动汽车没有了传统燃油汽车的发动机，就没有了热源，因此电动汽车的空调暖风系统工作原理与传统燃油汽车也有所区别，电动汽车的空调暖风系统是利用 PTC（加热器）通电加热车内的空气来达到制热效果的。

一、空调暖风系统 PTC 认知

1. PTC 的结构

电动汽车空调暖风系统 PTC 的整体结构如图 6-20 所示。

2. PTC 内部的特点

PTC 是电动汽车制造热风的主要来源，最大的优势就是发热速度快、温度可控、使用方便。

以 EV200 为例，PTC 内有两组电热丝并联组成，单独控制。PTC 内部原理如图 6-21 所示。PTC 上有温度传感器可以实时监测 PTC 本体的温度，控制 PTC 导通和切

笔记

断。高压控制盒内有 PTC 熔断器用来防止 PTC 失控发生火灾。

图 6-20   电动汽车空调暖风系统 PTC 的整体结构

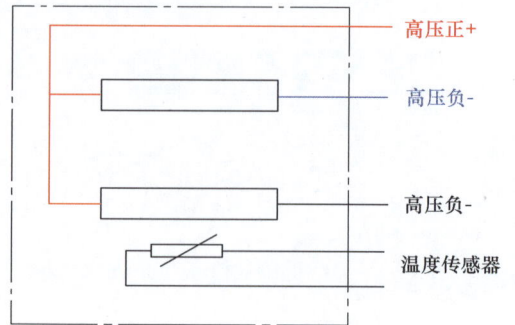

图 6-21   PTC 内部原理

二、检查与维护暖风系统

（重要提示：在对电动汽车高压部件进行维护之前，一定要做好高压安全防护准备。）

1. 检查与维护电路线束

1）检查电路线束及插接件连接处是否对插到位，有无松动、破损、腐蚀等问题，若未达到要求则修复或更换。

2）检查插接件线束波纹管有无破损，若有则修复或更换。

3）检查插件内插针是否有退针、弯曲等异常现象，如有则修复或更换。

2. 检查联接螺栓

检查 PTC 螺栓联接是否紧固，确认拧紧力矩是否符合要求，若不符合则进一步拧紧到维修手册上要求的力矩。

3. 检查 PTC 绝缘性

打开空调 A/C 开关，按下内外循环按钮，扭转制冷旋钮，制热功能启动，空气通过 PTC 加热从仪表盘通风口输出。暖风功能打开后工作几分钟之后检查吹出的风有无焦煳味。

电动汽车的空调 PTC 属于高压部件，需要检查 PTC 正负极的绝缘电阻是否正常。以北汽 EV200 为例，检查方法如下：

在高低压断电及电容放电以后，根据高压控制盒高压附件接口的定义如图 6-22 所示，用数字绝缘测试仪在 DC 500V 下，测试 PTC 正负极与车身（外壳）间的绝缘电阻是否大于 500MΩ，若未达到则修复或更换。

检测 PTC 正、负极的绝缘性，如图 6-23 所示。

1）红表笔接 B 端子，黑表笔接车身搭铁的绝缘电阻。

2）红表笔接 D 端子，黑表笔接车身搭铁检测 A 组负极的绝缘电阻。

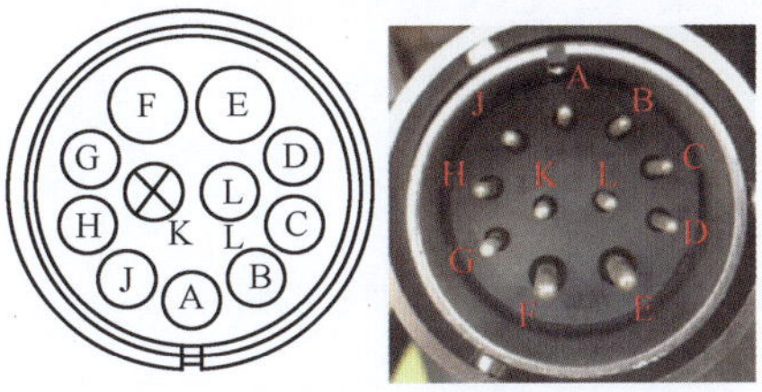

图 6-22　高压控制盒高压附件接口的定义

B 脚—PTC 电源正极　　C 脚—压缩机电源正极　　D 脚—PTC- A 组负极

H 脚—压缩机电源负极　　J 脚—PTC-B 组负极

3）红表笔接 J 端子，黑表笔接车身搭铁检测 B 组负极的绝缘电阻。

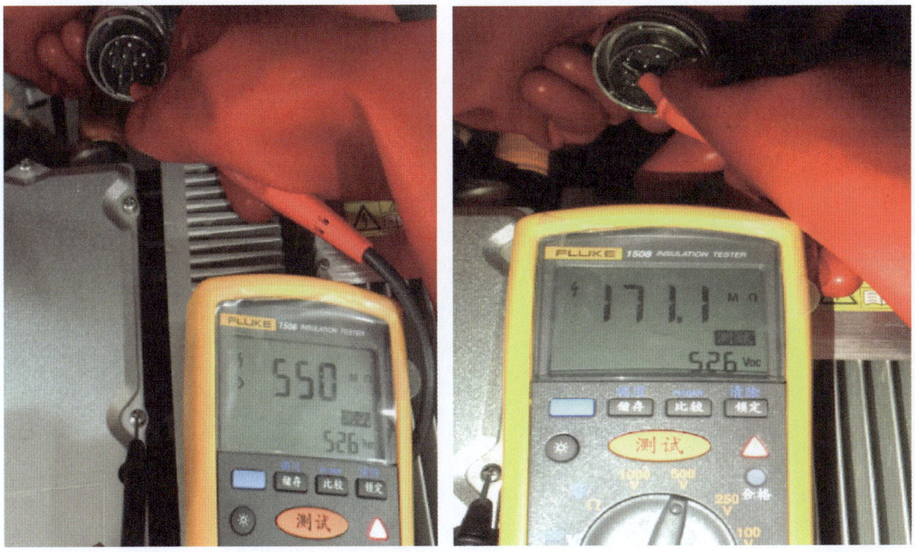

图 6-23　检测 PTC 正、负极的绝缘性

> **你知道吗**
>
> 1）检查 PTC 绝缘性时一定要断开高低压电。
>
> 2）PTC 为高压电器件，断开插接件时请注意安全。
>
> 3）当制热功能启动时，制冷系统不能同时工作，若启动制热时，制冷系统正处于工作状态，则随制热的启动停止工作，关闭制热后恢复工作。

辅助系统的检查与维护

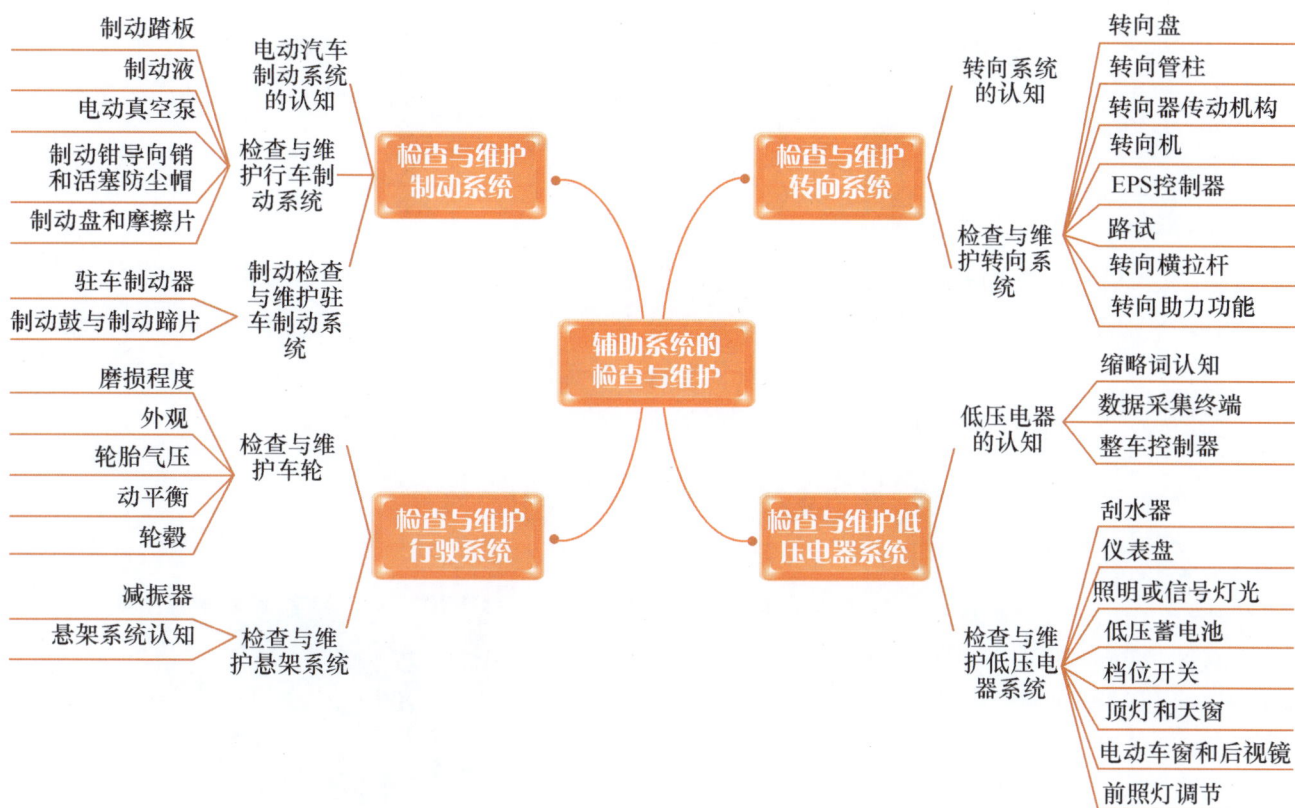

制动踏板
制动液
电动真空泵
制动钳导向销
和活塞防尘帽
制动盘和摩擦片

电动汽车
制动系统
的认知

检查与维
护行车制
动系统

**检查与维护
制动系统**

驻车制动器
制动鼓与制动蹄片

制动检查
与维护驻
车制动系
统

磨损程度
外观
轮胎气压
动平衡
轮毂

检查与维
护车轮

减振器
悬架系统认知

检查与维
护悬架系统

**检查与维护
行驶系统**

**辅助系统的
检查与维护**

转向系统
的认知

**检查与维护
转向系统**

转向盘
转向管柱
转向器传动机构
转向机
EPS控制器
路试
转向横拉杆
转向助力功能

检查与维
护转向系
统

**检查与维护低
压电器系统**

低压电器
的认知

缩略词认知
数据采集终端
整车控制器

检查与维
护低压电
器系统

刮水器
仪表盘
照明或信号灯光
低压蓄电池
档位开关
顶灯和天窗
电动车窗和后视镜
前照灯调节

学习任务1　检查与维护制动系统

【学习目标】

1. 了解电动汽车制动系统。
2. 掌握行车制动系统的检查与维护及注意事项。
3. 掌握驻车制动系统的检查与维护及注意事项。

【任务描述】

冯小姐的EV200已经行驶了50 000km，她在驾驶过程中总感觉制动行程过长。为了确保日常行车的安全，准备到4S店给她的爱车做一次检查与维护，在得知冯小姐的目的后，作为4S店的一名技师，你如何对其制动系统进行检查与维护呢？

【知识准备】

制动系统是安全行车的重要保证。制动系统的好坏直接影响到驾驶人、乘客及其他人员的生命和财产安全。制动系统分为行车制动和驻车制动，它的作用是：使行驶中的汽车按照驾驶人的要求进行强制减速甚至停车，使已停驶的汽车在各种道路条件下（包括在坡道上）稳定驻车，使下坡行驶的汽车速度保持稳定。

一、电动汽车制动系统的认知

传统汽车装用真空助力器作为制动助力器，利用发动机进气歧管处的真空度来帮助驾驶人操纵制动踏板。电动汽车依靠电力作为主要动力源，那如何产生真空度让真空助力器工作辅助汽车制动呢？

一般的电动汽车制动系统与传统汽车制动系统类似，主要由制动器、制动压力调节装置、ABS（制动防抱死系统）、电动真空助力系统等部分组成。

电动汽车的真空助力系统由一套专用的真空装置提供，主要由电动真空泵和真空储存罐组成，如图7-1所示。

图7-1　电动真空助力系统的组成

二、检查与维护行车制动系统

1. 检查制动踏板

1）关闭电源踩几次制动踏板，感觉制动踏板反应灵敏程度，看制动踏板能否完全落下，有无异常噪声，是否过度松旷。

2）检查制动踏板自由行程。反复踩制动踏板直至助力器中无真空为止，然后用手轻轻按压制动踏板并且使用钢直尺测量并计算出制动踏板的自由行程，如图 7-2 所示。

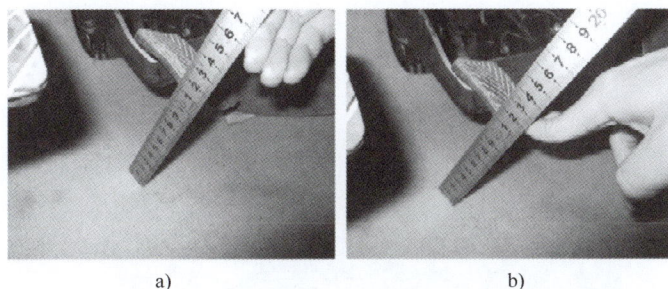

图 7-2　测量制动踏板的自由行程

a）自然状态　b）有阻力状态

2. 检查制动液

1）检查制动液储液箱内的制动液量，如图 7-3 所示。液面应在制动液储液箱侧面 MAX 与 MIN 标记之间。若液面低于 MIN 标记，需补充制动液。

图 7-3　制动液液位检查

2）检查制动总泵与储液箱周围有无泄漏，如发生泄漏，应立即维修。制动液软管是否有扭曲、磨损、裂纹，表面有无凹痕或其他损伤。

　　汽车在出厂前就加注了制动液，并在储液箱盖上已注明，如再加注时，应使用同样的制动液，否则会发生严重的损坏。不能使用过期的、用过的制动液，或未密封容器内的制动液。

笔记

　　3）更换制动液。车辆正常行驶 4 万 km 或制动液连续使用超过两年，制动液很容易由于使用时间长而变质，要及时更换。具体更换方法如下：

　　① 首先将制动系统内原有的制动液完全排尽，然后进行排气操作（排气顺序为右后轮、左后轮、右前轮、左前轮）。更换时应加注型号相同的制动液，在加满的过程中注意不要让制动液沾在油漆上，如沾上应立即清洗。

　　② 把放气管连接在制动分泵放气孔上，如图 7-4 所示。另一端插入装有一些制动液的容器内。反复几次踩制动踏板，踩住不动时松开放气螺栓。按此方法重复几次，直到放气孔中没有气泡流出，以规定转矩拧紧放气螺栓。

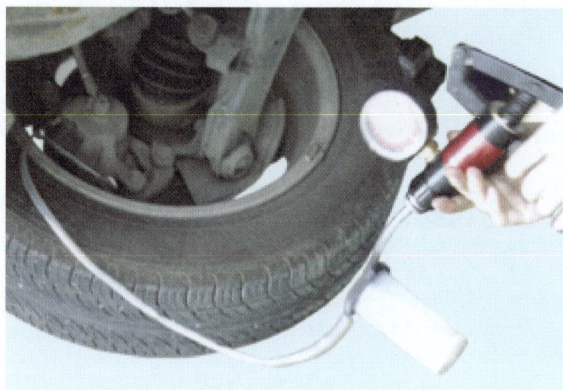

图 7-4　安装放气管

3. 检查制动盘和摩擦片

　　1）卸下车轮及卡钳，但不能将制动软管从钳上取下，如图 7-5 所示。

图 7-5　卸下车轮及卡钳

　　2）清洁摩擦片，检查摩擦片厚度，如摩擦片厚度不符合标准时应更换，如图 7-6所示。

　　3）检查制动盘有无过度磨损、裂纹。清洁制动盘，在距制动盘端面外边缘 10mm

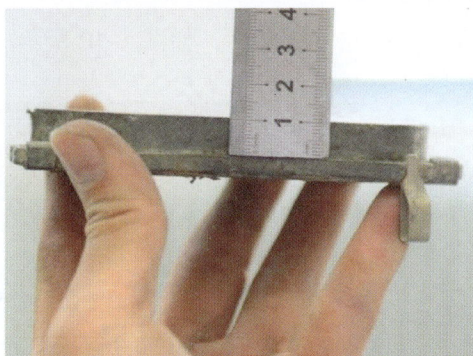

图 7-6　测量摩擦片厚度

处沿圆周 4 个等分点，用千分尺分别测量制动盘厚度，如图 7-7 所示。若制动盘厚度超过极限，必须更换制动盘。

图 7-7　测量制动盘厚度

4）检查制动盘跳动量。在离制动盘端面最外大约 10mm 处，放置百分表顶尖。转动制动盘，测量轴向圆跳动量，如图 7-8 所示。若超过极限值，需要更换。

注意事项

测量时要拧紧制动盘与轮毂联接的螺母，以保证测量准确。

4. 检查制动钳导向销和活塞防尘罩

检查导向销运动是否灵活，活塞防尘罩是否存在破损。如有必要，可两者表面涂上润滑脂。若卡滞或破损应立即更换。

5. 检查电动真空泵

1）检查电动真空泵的管路是否存在松动或漏气。

2）检查真空罐单向阀（图 7-9）连接管路是否

图 7-8　测量制动盘跳动量

漏气，真空罐单向阀胶圈是否损坏。

　　3）检查真空助力器及连接管路有无漏气，如图7-10所示。

图7-9　真空罐

图7-10　真空助力器

三、检查与维护驻车制动系统

1. 检查驻车制动器

　　检查驻车制动拉索的收紧程度和驻车制动手柄拉起的齿数。

　　在正常情况下，拉起驻车制动器，能听见棘爪的响声。当手柄提到整个行程70%的时候，驻车制动就处在正常的制动位置了。

2. 检查后制动鼓与制动蹄片

　　1）卸下车轮与制动鼓，如图7-11所示。

　　2）检查后制动鼓与制动蹄片有无过度磨损、损坏。在卸下车轮与制动鼓的同时，应检查制动分泵有无泄漏，如图7-12所示，如有损坏应立即更换。

图7-11　卸下制动鼓

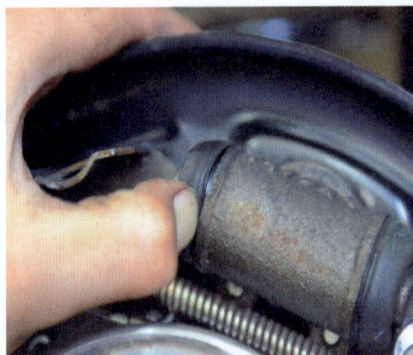

图7-12　检查制动分泵

学习任务 2　检查与维护行驶系统

【学习目标】

1. 了解电动汽车行驶系统组成和作用。
2. 掌握车轮的检查与维护及注意事项。
3. 掌握悬架系统的检查与维护及注意事项。

【任务描述】

近日，张先生准备进行一次 1000km 的旅行，他的爱车 EV200 已经行驶了 50 000km，轮胎出现了异常磨损，车身也有轻微横向倾斜现象。为了保证旅行的顺利，他准备到 4S 店给他的爱车做一次维护，在了解清楚张先生的目的后，作为 4S 店的一名技师，你如何对其爱车的行驶系统进行检查与维护呢？

【知识准备】

汽车的行驶系统主要由车轮、悬架、车架和车桥组成，它将全车各总成及部件连成一个整体，支撑汽车的总质量，承受并传递路面作用于车轮上的各种力及其力矩，缓和不平路面对车身造成的冲击和振动，保证汽车平稳行驶。行驶系统与制动系统配合，提供汽车减速或停车所需的制动力，与转向系统配合，实现汽车安全转向行驶。

一、检查与维护车轮

1. 检查轮胎气压

汽车轮胎胎压不应超过厂家规定的标准气压，过高过低都会造成轮胎的异常磨损。将胎压表对准轮胎气门嘴读取数值，如果胎压不在正常值范围内，应及时调整，如图 7-13 所示。

图 7-13　检查轮胎气压

1）轮胎气压的检查应在轮胎冷却后进行。

2）轮胎上没有表示外胎磨损程度的标记，也就是轮胎旁边槽中或△标记方向的突出部分指示磨损程度。当轮胎磨损到这部分时要更换。

笔记

2. 检查轮胎的外观

检查轮胎外观是否有硬物，如石头、钉子、铁屑等，如有异物，先查看轮胎是否被扎破，如果没有则用螺钉旋具等工具进行清理，如图7-14所示。

3. 检查轮胎磨损程度

首先目测轮胎表面是否有异常磨损，用花纹深度尺在不同地方多次检测花纹深度看是否超出安全的花纹深度。

图7-14　清除石子

4. 检查轮毂

举升车辆到相对高度后，用双手握住轮胎的上下侧，来回扳动轮胎，多次检查轮毂轴承有无松动、摆动现象，然后来回转动轮胎，多次检查有无噪声、有无卡滞。

5. 检查车轮动平衡

当汽车车轮高速旋转起来后，造成车辆在行驶中车轮抖动、转向盘振动的现象，就需要对车轮进行动平衡检测来校正。如何对车轮进行动平衡检测呢？

1）清除被测车轮上的泥土、石子等杂物。

2）拆下旧平衡铅块，如图7-15所示。

3）检查轮胎气压，如不合规定，则充气至规定值。

4）根据轮辋中心孔的大小选择锥体，装上车轮，用快速锁紧螺母将车轮锁紧在转轴上，如图7-16所示。

图7-15　拆除铅块

图7-16　选择锥体

5）安装车轮，快速拧紧锁紧螺母，如图 7-17 所示。

图 7-17　安装轮胎

6）用卡尺测量轮辋宽度、轮辋边缘至机箱距离，如图 7-18、图 7-19 所示。将宽度、距离及轮辋直径数据输入动平衡机。

图 7-18　测量轮辋宽度

图 7-19　测量轮辋边缘到动平衡机距离

7）放下车轮防护罩，按下起动键（有的是自动起动），车轮旋转，平衡测试开始，自动采集数据；运行几秒钟后，车轮自动停转（或听到提示笛声后按下停止键），车轮停转，从指示装置读取车轮内、外不平衡质量和不平衡位置信息。

8）抬起车轮防护罩，用手慢慢转动车轮。当指示装置发出指示（音响、指示灯亮、制动、显示点阵或显示检测数据等）时停止转动。在轮辋的内侧或外侧的上部（时钟 12 点位置）加装平衡块。内、外侧要分别进行，平衡块装卡要牢固，如图 7-20 所示。

图 7-20　安装平衡块

9）安装新平衡块后，按第七步重新进行平衡试验，直至不平衡量 < 5g，或指示装置显示"OO"时为止；测试结束拆下轮胎。

二、检查与维护悬架系统

1. 悬架系统认知

汽车悬架系统是车架（或车身）与车轴（或车轮）之间的弹性连接装置的统称，由弹性元件、导向机构、减振器和横向稳定杆组成。它的作用是弹性地连接车桥和车架（或车身），缓和行驶中车辆受到的冲击力，衰减由于弹性系统引进的振动，使汽车在行驶过程中保持稳定提高舒适性及操纵稳定性。

2. 检查减振器

1）目测减振器是否有凹痕、损坏、变形等情况，如图 7-21 所示。

2）停车后用力往下按压汽车的一侧，若汽车摆动三四次，则说明减振器的减振性能已经很弱，需要更换。

3）检查减振器是否有漏油，防尘罩是否有裂纹，油封是否有损坏，有则需要更换。

4）检查减振器上方的联接螺栓是否按要求力矩紧固。

5）拆下减振器检查是否发生活塞杆卡滞或推拉活塞杆没有阻力，有则需要更换。

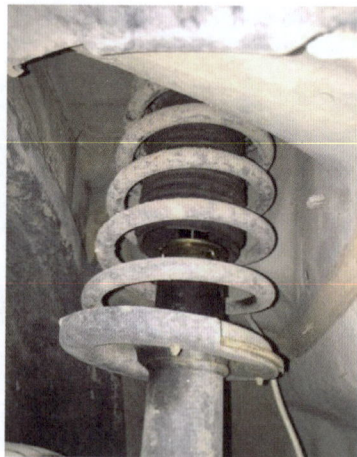

图 7-21 减振器

小贴士

减振器更换时只能整件更换，不能拆开维修。

3. 检查悬架装置

1）检查左右摆臂及转向器外侧拉杆球头、拉杆球头上的防尘罩是否出现破损漏油现象。

2）检查球头的摆动与转动是否流畅，或是否有松动现象，如图 7-22 所示。

3）在轮胎气压正常、汽车空载状态下，观察汽车，如汽车左右不等高，则要注意检查前悬架螺旋弹簧是否有左右长度不等现象，如有上述情况发生，更换螺旋弹簧。

图 7-22 转向球头

4）检查橡胶件，如有损坏、开裂或老化失效，则应更换。

5）检查前、后悬架装置，是否有损坏、松脱、车身倾斜，如图7-23所示。

图7-23　悬架装置

6）检查前、后悬架上弹簧座有无脱开、撕裂成其他损坏。如有损坏，应更换。

7）检查悬架螺栓、各支架螺栓联接是否紧固。

8）检查后稳定杆、纵臂等是否弯曲、变形、损坏。

学习任务 3　检查与维护转向系统

【学习目标】

1. 了解电动汽车转向系统的结构和组成。
2. 理解电动助力转向系统的工作原理。
3. 掌握转向系统的检查与维护及注意事项。

【任务描述】

李先生的 EV200 电动汽车已经行驶了 50 000km，作为维修人员，请你利用本学习任务所学知识，根据现场工作管理规范，完成电动汽车转向系统的维护工作，并向李先生解释电动汽车定期维护工作的重要性。

【知识准备】

汽车转向系统是驾驶人用来保持或改变汽车行驶方向的机构。在汽车转向行驶时，转向系统要保证各转向轮之间有协调的转角关系。驾驶人通过操纵转向系统，使汽车保持在直线或转弯运动状态。转向系统是指挥车辆行驶的重要系统，车辆在高速行驶时方向稍有偏差，就有可能造成交通事故，所以转向系统的维护检查工作格外重要。

一、转向系统的认知

1. 转向系统的结构和组成

转向系统主要包括转向操纵机构、转向器和转向传动机构等，如图 7-24 所示。

目前电动汽车常用的转向系统为电动助力转向系统（EPS，Electric Power Steering）。电动助力转向系统如图 7-25 所示，它是由转矩传感器、ECU、助力电机、减速机构和齿轮齿条传动机构等共同组成的。ECU 根据各传感器输出的信号计算所需的转向助力，并通过功率放大模块控制助力电机的转动，电机的输出经过减速机构减速增

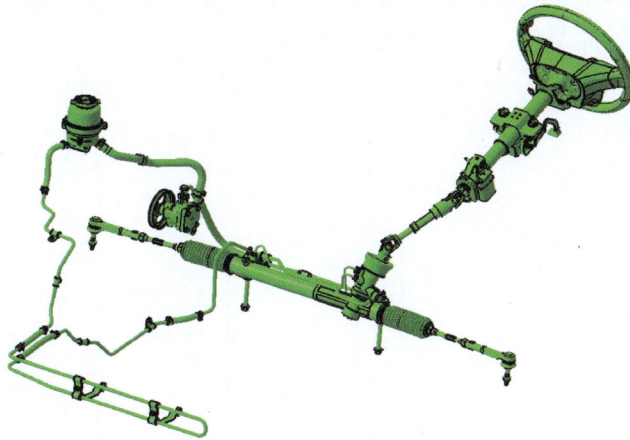

图 7-24　液压助力转向系统

扭后驱动齿轮齿条机构产生相应的转向助力。

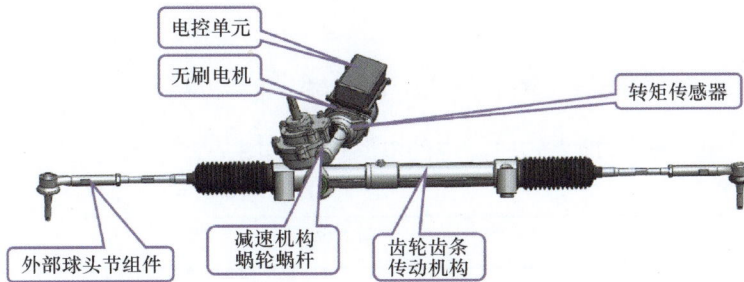

图 7-25　电动助力转向系统

与传统的液压助力转向器相比，电动助力转向系统具有很多优点：

1）只在转向时电机才提供助力，可以显著降低燃油或电能的消耗。

2）转向助力经过软件匹配，兼顾低速时的转向轻便性和高速时的操纵稳定性，回正性能好。

3）结构紧凑，质量轻，生产线装配好，易于维护，比起液压系统，电动助力转向器不需要液压油，而且零部件少。

2. 助力转向系统工作原理

当整车处于停车断电状态，EPS 不工作。如图 7-26 所示，为电动汽车助力转向系统工作原理，点火开关置于 ON 档时，控制器开始对 EPS 系统进行自检，自检通过后，闭合继电器和离合器，EPS 系统便开始工作，此时车速为零，驾驶人转动转向盘时，助力电机以最大助力输出。当转向盘转动时，位于转向轴上的转角传感器和扭矩传感器把测得转向盘上的角位移和作用于其上的力矩等信号转化为电信号送至电子控制单元 ECU，ECU 再根据转矩信号、车速信号、轴重信号等进行计算，得出助力电机的转向和助力电流的大小，完成转向助力控制，实现在全速范围内的最佳控制。在低速行驶时，减轻转向力，保证汽车转向灵活、轻便；在高速行驶时，适当增加阻尼控制，保证转向盘操作稳重、可靠。随着车速的提升，EPS 控制器根据自身标定的输出助力曲线，实时调整助力电机的输出力，保证驾驶人在任何车速下均能获得最佳的转向助力，即低速时能使转向轻便，高速时转向稳重。

当 EPS 检测到故障时，通过 CAN 总线向整车控制器发送故障信息，并采取相应的处理措施。如果车辆在行驶过程中由于故障而导致转向助力失效，驾驶人仍然可以通过手力来操作转向盘，不会出现转向机构卡死现象。

笔 记

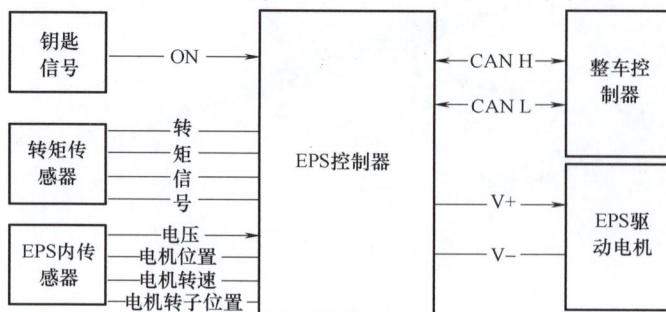

图 7-26   助力转向系统工作原理

3. 助力转向系统电路图及插件定义

以下为某一电动汽车助力转向系统的电路图，如图 7-27 所示。

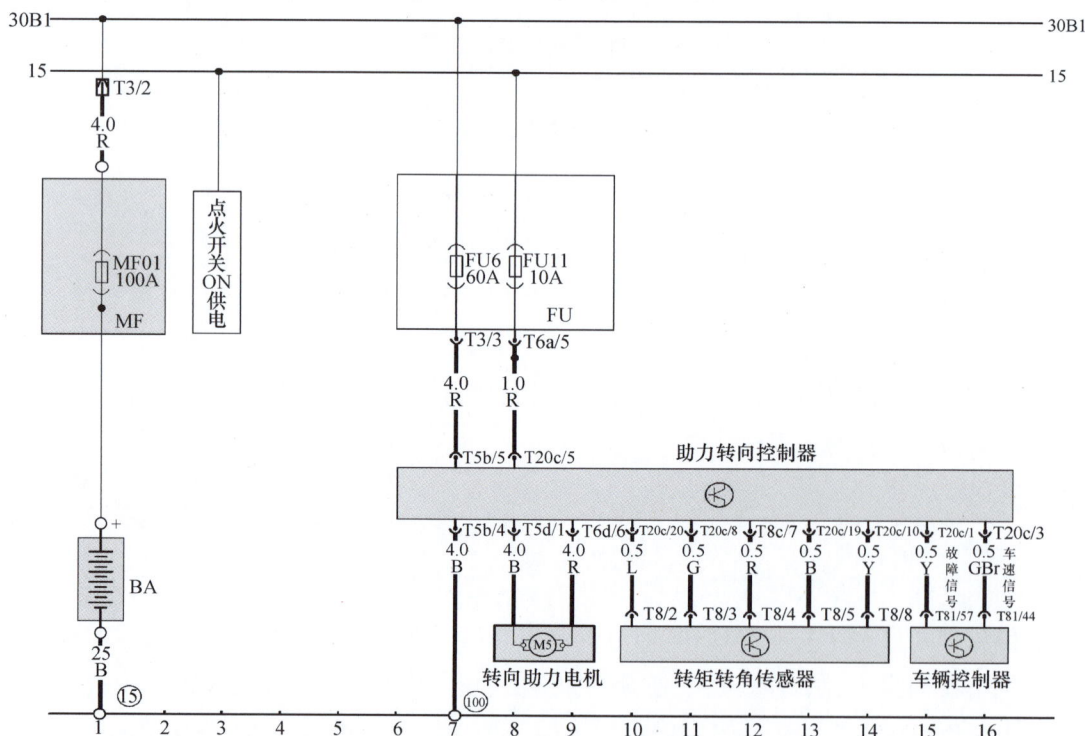

图 7-27   电动汽车助力转向系统的电路图

EPS 转矩传感器插件的端子定义，如图 7-28 所示。

EPS 电机控制器 20 芯插件的端子定义，如图 7-29 所示。

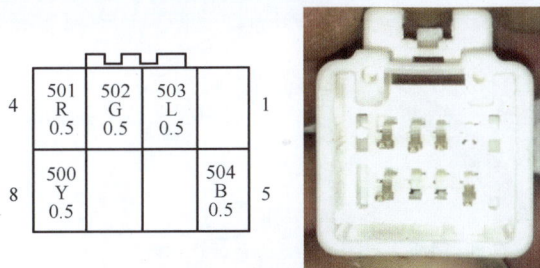

T8 结束端为公端
针脚编号为从右至左按序依次排列

图7-28 EPS转矩传感器插件的端子定义

1—未占用

2—503号线 (转矩传感器主路信号线)

3—502号线 (转矩传感器辅路信号线)

4—501号线 [EPS电机控制器输出5V (转矩传感器5V电源)]

5—504号线 (转矩传感器地线)

6—未占用

7—未占用

8—500号线 [EPS电机控制器输出12V (转矩传感器12V电源)]

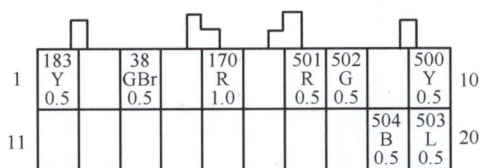

T20 结束端为母端
针脚编号为从左至右按序依次排列

图7-29 EPS电机控制器20芯插件的端子定义

1—183号线 [故障信号线至VCU (BJEV为T81/57、德尔福为T73E/45灰色插件)]

3—38号线 [车速信号线至VCU (BJEV为T81/44、德尔福为T73E/57灰色插件)]

5—170号线 [点火开关ON档供电 (至FU保险盒FU11熔丝)]

7—501号线 [EPS电机控制器输出5V (转矩传感器5V电源)]

8—502号线 (转矩传感器辅路信号线)

10—500号线 [EPS电机控制器输出12V (转矩传感器12V电源)]

19—504号线 (转矩传感器地线)

20—503号线 (转矩传感器主路信号线)

其余针脚未占用

二、检查与维护转向系统

1. 检查转向盘自由行程

1) 将转向盘置于正前方位置,给转向盘周围施加5N的力。

2) 测量转向盘周围的自由行程,如图7-30所示。

笔 记

笔 记

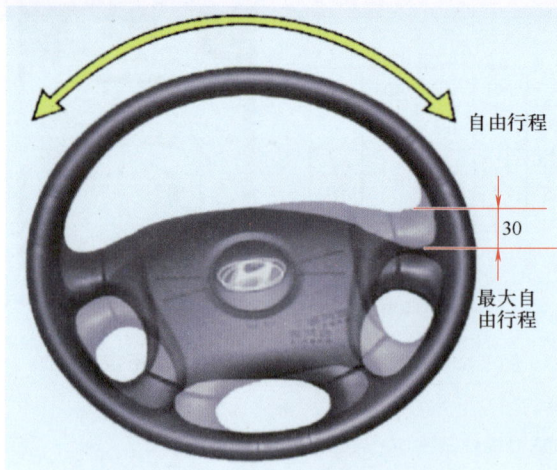

图 7-30　检查转向盘自由行程

小贴士

转向盘自由行程是指不使转向轮发生偏转而转向盘所能转过的角度。转向盘自由行程为≤7°。若无法实现≤7°的自由行程，则需调整转向器调整楔块，使得转向盘行程符合要求。

注意事项

1）当车辆停止或低速行驶时，避免长时间连续转动转向盘；当转向盘处于极限位置时，避免持续长时间（约90s）不转动转向盘。

2）移动转向器总成时不要提拉线束，当断开和重新连接插接器时确保钥匙置于 OFF 位置；不要将任何电子部件暴露在高温或潮湿环境中。不要触碰插接器端子，以防变形或因静电而引起故障。

3）对转向系统（转向器、转向横拉杆、转向管柱等）进行操作时，在拆卸和安装过程中，转向机构必须在"车轮直向前"位置。

2. 检查转向盘有无松动和摆动，可否自由移动

用双手握住转向盘上下晃动，检查转向盘有无松动和摆动；用双手握住转向盘左右移动，检查转向盘可否自由移动，如图 7-31 所示。拉动转向盘调节开关，检查是否

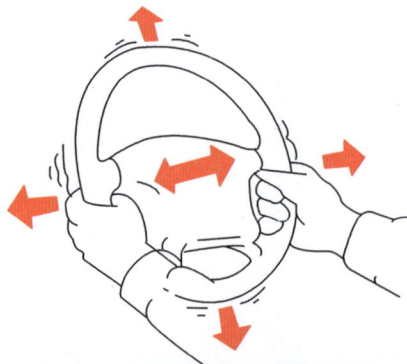

图 7-31　检查转向盘松动和摆动

可以随驾驶人的要求上、下调整转向盘的高度，并锁止在需要的高度。

3. 检查转向器传动机构的工作状况和密封性

检查转向器传动机构的工作状况和密封性是否正常，检查前悬架、后悬架、转向器、转向横拉杆、转向管柱等相关部件是否松动或损坏，校紧各部螺栓，如图 7-32 所示。

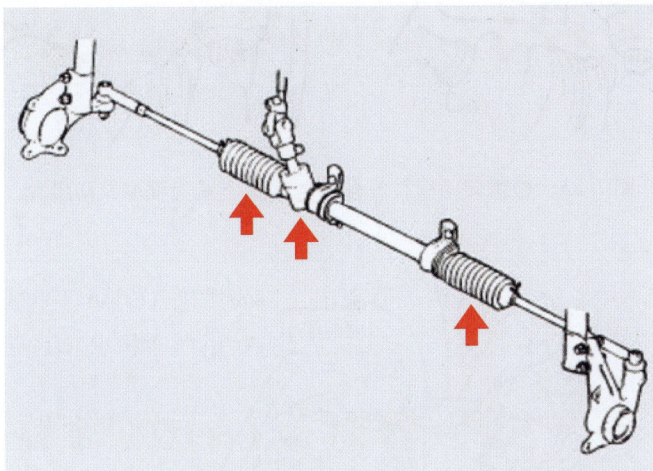

图 7-32　检查转向器传动机构的工作状况和密封性

4. 检查转向盘及转向管柱有无变形与损坏情况

1）转动转向盘，检查转向球节轴承工作是否正常，目测其有无磨损、损伤情况。检查转向轴和轴承，是否有"咔嗒"声和损坏，如有"咔嗒"声和损坏，应更换新部件。

2）目测检查轴是否损伤或变形。

3）转动转向盘，目测插接器转动是否顺畅，是否有损伤及转动。

5. 检查转向器本体连接紧固状态

1）检查转向器壳体上是否有裂纹，并注意转向器上的零件不允许焊接或校正，只能更换。

2）检查轴承及衬套的磨损与损坏，以及油封、防尘套的磨损与老化情况，并及时更换。

3）目测检查转向器上有无漏油处，如有漏油，更换全部 O 形圈及密封垫。

6. 检查转向横拉杆球头的间隙、紧固程度及防尘套

检查转向横拉杆球头的间隙、紧固程度及防尘套，需要按照下列步骤进行作业，如图 7-29 所示。

1）举升车辆（车轮悬空），通过摆动车轮和转向横拉杆来检查间隙。

2）检查转向横拉杆球头的固定螺母（图 7-33）是否牢固。

3）检查转向横拉杆的防尘套（图 7-34）有无损坏和安装位置是否正确。

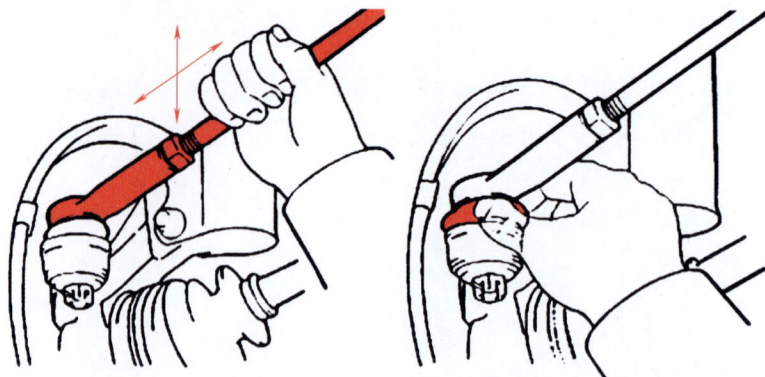

图 7-33　检查转向横拉杆球头的间隙、紧固程度及防尘套

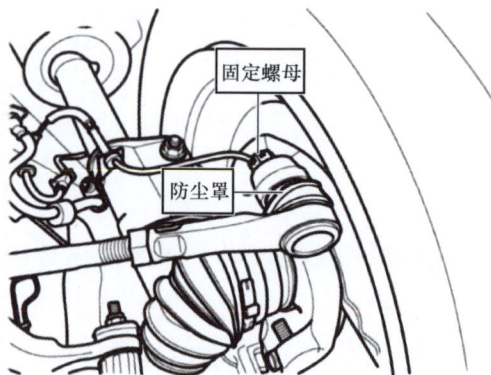

固定螺母

防尘罩

图 7-34　检查转向横拉杆的防尘套

7. 检查转向助力功能

检查转向助力功能的方法如下：

在道路试车过程中，通过原地转向、低速行驶中转向，检测转向时转向盘是否有沉重、助力效果不足等故障。将转向盘分别向左右转动至极限位置，检测是否有转向盘抖动、转向器异响等故障。

8. 路试检查

路试检查转向功能是否正常，有无噪声。

知识拓展

在发生事故后，除了检查四轮定位之外，还应通过对转向盘进行完整的循环转动检查，此外还需目视检查转向器和转向横拉杆是否弯曲或产生裂纹，底盘及所有相关部件如减振器、转向节、摆臂、后桥、稳定杆以及其他紧固件是否发生变形。

9. 检测电动助力转向系统主电源

检查电动助力转向系统主电源的主熔丝 FU06 供电是否正常，如图 7-35 所示，使用万用表测量 T5/4、T5/5，正常应为蓄电池电压，其中 T5/4 为搭铁，T5/5 为常电。

图 7-35　检查电动助力转向系统主电源的主熔丝 FU06 供电

10. 检测电动助力转向系统控制器 20 针插件供电及信号输入

将钥匙转动至 ON 档，检查电动助力转向系统控制器 5 号脚电压与蓄电池电压是否一致，如图 7-36 所示。

图 7-36　检测电动助力转向系统控制器 20 针插件供电及信号输入

检查 3 号脚车速信号线至整车控制器，用万用表电压档测得数值应为 0.03 ~ 13.6V 范围内。如图 7-37 所示，检查 4 号脚 501 号线，使用万用表测量电动助力转向系统电机控制器输出电压为 5V，其中 5 号脚 504 号线转矩传感器搭铁。

图 7-37　检查电动助力转向系统电机控制器输出电压

使用万用表检查 501 号线与 504 号线的电压，应为 5V ± 0.1V，若电机控制器没有 5V ± 0.1V 输出，则更换电机控制器。

工作环境安全注意事项

1）操作过程做到"三不落地"，即工具、零件、油水不落地。

2）及时清除地面油污和水。工作完毕后工具应该及时归位、清洁。

3）操作时应穿戴好个人防护用品。

4）保证工作环境有良好的通风。

学习任务 4　检查与维护低压电器系统

【学习目标】

1. 了解电动汽车低压电器系统。
2. 掌握低压电器系统的检查与维护及注意事项。

【任务描述】

李先生的 EV200 行驶了 50 000km，他准备进行一次 1000km 的旅行。为了保证旅行的顺利，他来到 4S 店做定期的检查与维护，作为维修人员，请你利用本学习任务所学知识，根据现场工作管理规范，完成电动汽车低压电器系统的维护工作，并向李先生解释电动汽车定期维护工作的重要性。

【知识准备】

低压电器在汽车驾驶中占有重要的地位，电器故障将严重影响行车安全，所以要定期对车身电器进行检查与维护。

一、低压电器的认知

1. 低压电器缩略词的介绍

电动汽车常用低压电器的缩略词见表 7-1。

表 7-1　电动汽车常用低压电器的缩略词

名　称	简　写	描　述
整车控制器	VBU/VCU	实现电动汽车整车
电池管理系统	BMS	高压电池包内高压板、低压板、单体采集板的总称，实现高压电池管理
电机控制器	INV	将直流电压逆变为三相交流电，驱动电机

（续）

名　称	简　写	描　述
空调压缩机控制器	HVAC	驱动和控制空调压缩机工作
电动助力转向控制器	EPS	实现转向时电动助力
组合仪表	ICM	系统显示功能
数据采集终端	RMS	后台记录 CAN 总线数据
空调控制面板	AC Panel	空调开关、鼓风机风量调节、混合风门位置调节等

2. 数据采集终端

数据采集终端是由一根天线和一个数据记录仪组成的，如图 7-38 所示。

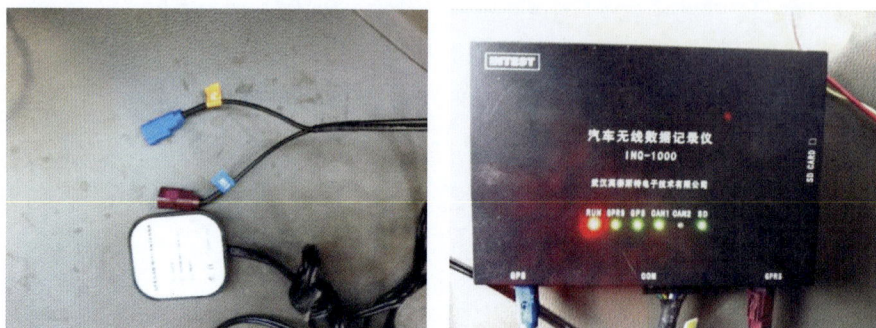

图 7-38　天线和数据记录仪

数据记录仪内有供存储数据的 SD 卡，如图 7-39 所示，线束和记录仪的连接如图 7-40 所示。数据记录仪指示灯说明见表 7-2。

表 7-2　数据记录仪指示灯说明

LED	颜　色	状　态	说　明
RUN	红色	闪烁，1Hz	终端运行正常
		其他	终端运行故障
GPRS	绿色	亮	GPRS 已登录
		灭	GPRS 未登录
GPS	绿色	亮	GPS 已定位
		灭	GPS 未定位
CAN1	绿色	亮	CAN1 接收到数据
		灭	CAN1 未接收到数据
CAN2	绿色	亮	CAN2 接收到数据
		灭	CAN2 未接收到数据
SD	绿色	亮	SD 卡正在记录数据
		闪烁，1Hz	SD 卡暂停数据记录
		闪烁，2Hz	插入的 SD 卡未格式化或容量已满
		灭	无 SD 卡，或者 SD 卡加锁（只读）

笔 记

图 7-39　数据记录仪 SD 卡 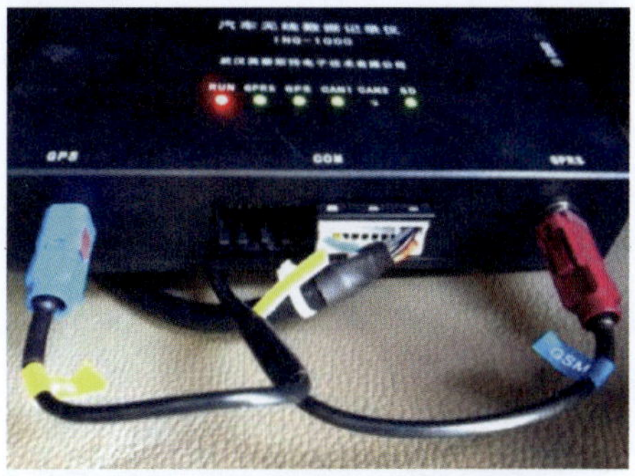　　　　图 7-40　线束和记录仪的连接

数据采集终端的功能如下：

1）能够与整车控制器通过 CAN 总线进行通信，服从整车控制器的控制命令，获取整车的相关信息。

2）能够用 GPS 对车辆进行定位。

3）能够将大量数据（最大 8G）存储到本地移动存储设备（SD 卡）中。经存储的数据可由分析处理软件读取和分析。

4）车载终端能够将信息按照规定的时间和数据量，以无线通信（GPRS）的方式发送到服务平台。在此信息传输的过程中，要保证信息的正确性和保密性。

5）自检功能。当检测到 GPS 模块、主电源等故障会主动上报警情达到监控中心，辅助设备进行检修。

6）远程升级。支持远程自动升级功能，自动接收来自服务平台的升级指令完成软件升级，大大节省了维护成本。

3. 整车控制器

整车控制器（图 7-41）为电动汽车的"大脑"，用来协调各个零部件，使整车以最佳状态行驶。整车控制器是进行电动汽车动力控制及电能管理的载体。一方面整车控制器通过自身数据采集模块获取驾驶人需求信息，另一方面与电机控制器、电池管理系统、电动辅助系统等部件组成 CAN 线总线网络，可以实时获取当前整车状态、电机、动力电池电动辅助等部件的参数，采用优化算法协调电动辅助部件和电机运行，在满足驾驶人对整车动力性和舒适性需求的前提，最大限度地节约电能的消耗。

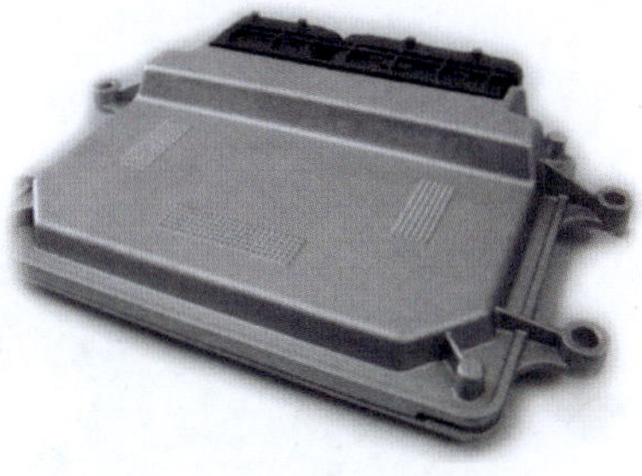

图 7-41　整车控制器

二、检查与维护低压电器系统

1. 检查电动汽车仪表

检查电动汽车仪表屏幕表面有无划痕、开裂、缩痕，将钥匙转动至 ON 档，检

查控制系统自检功能是否正常，有无故障灯点亮。其次起动车辆后 READY 指示灯点亮，除驻车制动指示灯、安全带未系指示灯点亮，其他故障指示灯均不能点亮，如图 7-42 所示。仪表显示电量不低于总电量的 25%。仪表显示总里程数小于 50km。

踩下制动踏板，用手前后拨动变速杆，变速杆在每个档位间有明显过渡感，仪表显示相应符号正确。变速杆位置居中，换档平顺无卡滞。驻车制动拉起总行程 2/3 处实现驻车制动，仪表对应显示标识灯。松开驻车制动仪表灯熄灭。

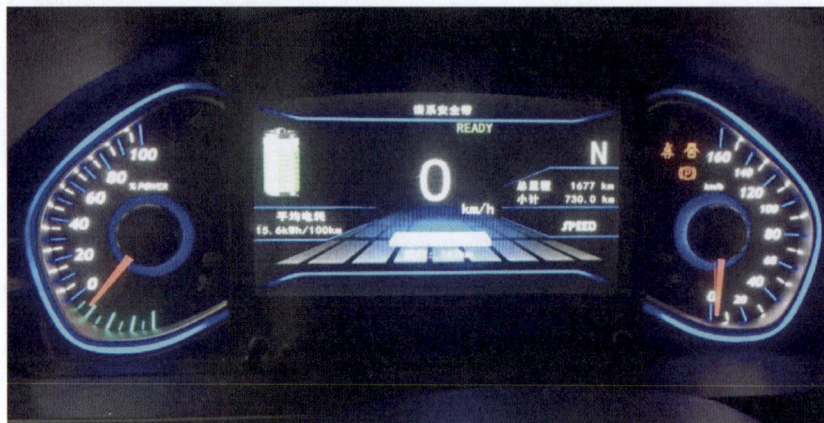

图 7-42　起动车辆后 READY 指示灯点亮

2. 检查外部照明或信号灯光

检查外部照明或信号灯光，需要旋转灯光组合开关，如图 7-43 所示，检查示宽灯、牌照灯、转向灯、倒车灯、制动灯、后雾灯、紧急警告灯工作是否正常，检查仪表是否显示相应标识，检查组合开关各转换档间有无明显阻尼感。示宽灯开启后，分别旋转仪表照明亮度调节开关，检查仪表屏幕亮度有无明显变化。

检查远光灯、近光灯、前雾灯、喇叭工作是否正常。当开启近光灯时，调整灯光高低旋钮是否正常，有无相应的执行电机声，灯光位置相应上下移动，有无卡滞现象。

检查仪表指示灯、仪表照明灯工作是否正常。

图 7-43　灯光组合开关

3. 检查刮水器

旋转刮水组合开关，检查前刮水器各档工作是否正常，刮水片刮水性能是否良好，喷淋装置工作是否正常；检查后刮水器及喷淋装置是否正常。

4. 检查前照灯调节和仪表照明调节

检查前照灯光轴调整是否正常，仪表照明亮度调节功能是否正常，如图 7-44 所示。

图 7-44　检查前照灯调节和仪表照明调节

5. 检查电动车窗和电动后视镜

检查各门窗玻璃升降工作是否正常，玻璃升降有无异响、卡滞，左右后视镜四向调节功能是否正常，调节过程有无卡滞、异响现象，折叠功能是否正常，除霜功能是否正常。

6. 检查室内顶灯和天窗

检查室内顶灯三种模式工作是否正常，天窗开启、关闭功能是否正常，天窗滑动有无异响、卡滞。

7. 检查档位开关

检查档位开关各档位移动是否顺畅，如图 7-45 所示，仪表显示档位与实际档位是否一致，踩下制动踏板，变速杆拨至 R 位，检查倒档灯是否点亮，倒车影像、倒车雷达工作是否正常。

8. 检查收音机及导航

检查收音机各功能按键（图 7-46）是否正常，导航系统工作是否正常。

图7-45   档位开关

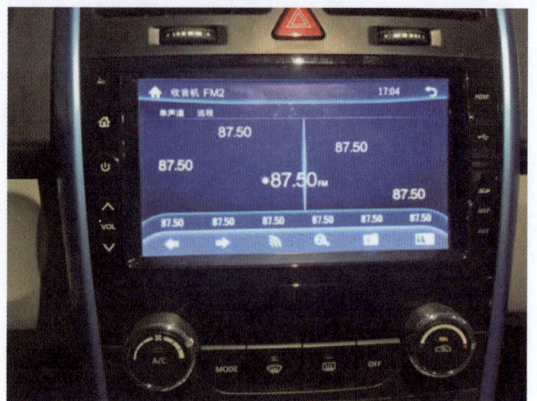

图7-46   收音机及导航功能按键

9. 检查线束、搭铁点、插接件

检查线束固定点是否可靠，有无出现线束破损与金属件干涉现象，复紧各搭铁点螺栓，检查插接件锁止卡扣有无松动、损坏现象。

10. 检查低压蓄电池

检查电极桩有无氧化、有无渗液，电缆夹有无松动，检查蓄电池显示窗口是否为绿色。使用万用表测量蓄电池电压是否正常。

小贴士

蓄电池的拆卸

拆卸蓄电池时，先拆下负极（－）电缆；安装蓄电池时，最后连接负极（－）电缆。在拆卸或安装蓄电池电缆时，应确保车辆钥匙转动至 OFF 档，否则会导致电动汽车上半导体元器件的损坏。

11. 检查整车控制器

检查整车控制器的线束插头是否连接牢固，紧固螺栓是否达到正常力矩，如图7-47所示。

小贴士

控制器的拆卸

在拆卸控制器时，容易接触到电子控制器的各个插头，人体有可能产生静电，人体静电放电的电压可能达到 10 000V。因此，对微处理器操纵的数字式仪表进行维修作业或靠近这种仪表时，为防止意外损坏电子元件，一定要带上搭铁金属带，并将其一头缠在手腕上，另一头固定在机身上。

12. 检查数据采集终端

检查数据采集终端的 RUN、CAN1、CAN2、SD 指示灯是否点亮，插接件连接是否牢固，检查 SD 卡有无损坏，安装是否牢固，检查数据采集终端的螺栓安装是否紧固如图 7-48 所示。

笔 记

图 7-47   检查插接件锁止卡扣

图 7-48   检查数据采集终端

电动汽车检查与维护项目编排

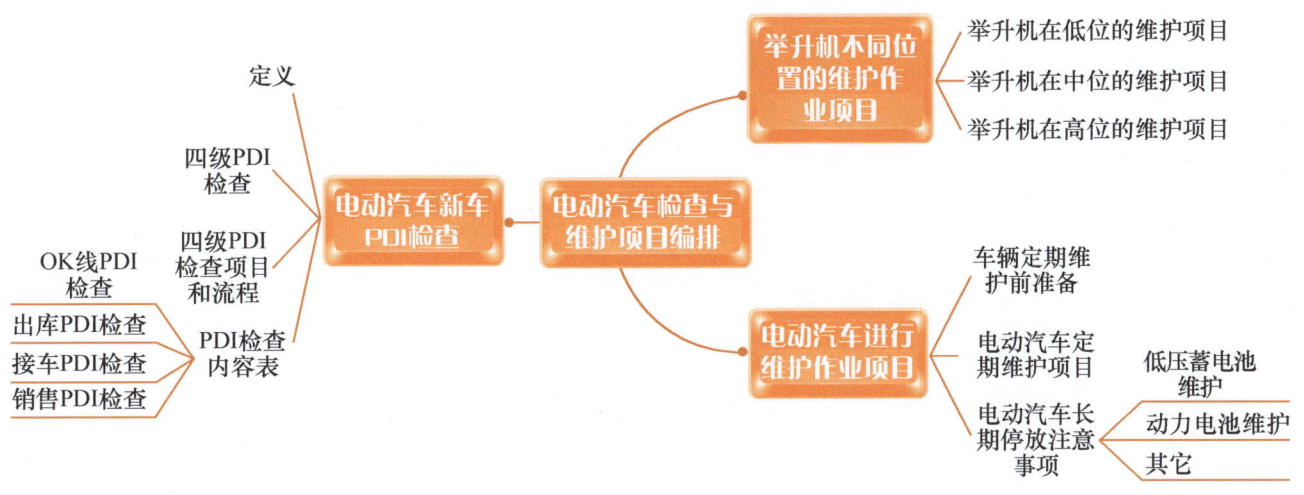

学习任务 1　电动汽车新车 PDI 检查

【学习目标】

1. 了解 PDI 检查定义和目的。
2. 掌握四级 PDI 检查项目和流程。
3. 掌握 PDI 检查具体内容。

【任务描述】

何先生在北汽鹏龙 4S 店看中了电动汽车 EV200 这款车型，在交付之前，需要工作人员对此车进行 PDI 检查，那么将如何完成 PDI 检查工作任务呢？

【知识准备】

一、什么是 PDI 检查

笔记

PDI 是 Pre- Delivery　Inspection 的缩写。中文为"交付前检查"，也即售前检查。商品车交付最终客户前进行的车辆质量状态检查。

PDI 检查是一项售前检测证明，是新车在交车前必须通过的检查。因为新车从生产厂到达经销商处经历了上千公里的运输路途和长时间的停放，为了向顾客保证新车的安全性和原厂性能，PDI 检查必不可少。越是高档车辆，其电子自动化程度越高，PDI 检查的项目也就越多。

PDI 是确认商品车规格以及有无质量问题和损伤的重要环节，是为用户提供完美产品的必要保障，也是避免厂家、承运商、经销商及用户之间责任纠纷的有效手段。检查全车整体装备是否齐全、各项功能是否达到质量标准，以确保交给客户一辆质量合格的车辆。

二、四级 PDI 检查

目前，国内汽车企业一般要求生产工厂、运输企业、经销商在进行商品车辆交接时进行 PDI 检查。分别是生产线下线（OK 线）PDI 检查、出库 PDI 检查、接车 PDI 检查、销售 PDI 检查四项，如图 8-1 所示。另外有些经销商根据商品车库存情况不定期还会进行在库日常例行检查，以确保商品车处于最佳质量状态。

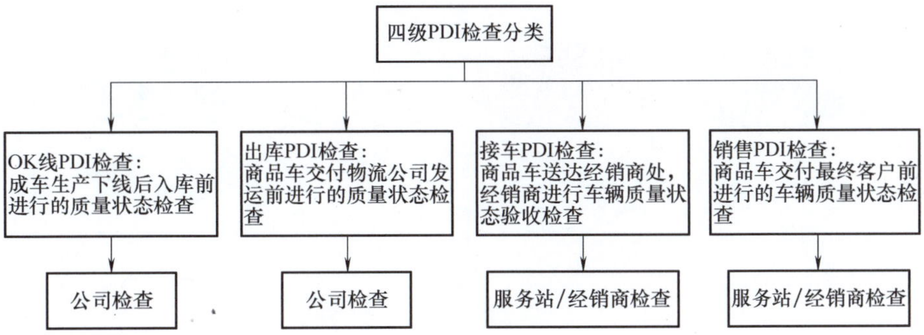

图 8-1　四级 PDI 检查分类

三、四级 PDI 检查项目和流程

1. 生产后 PDI 检查

　　车辆生产下线后需要在 OK 线对车外观、内饰、底盘等进行全面检查，具体检查项目和流程如图 8-2 所示。

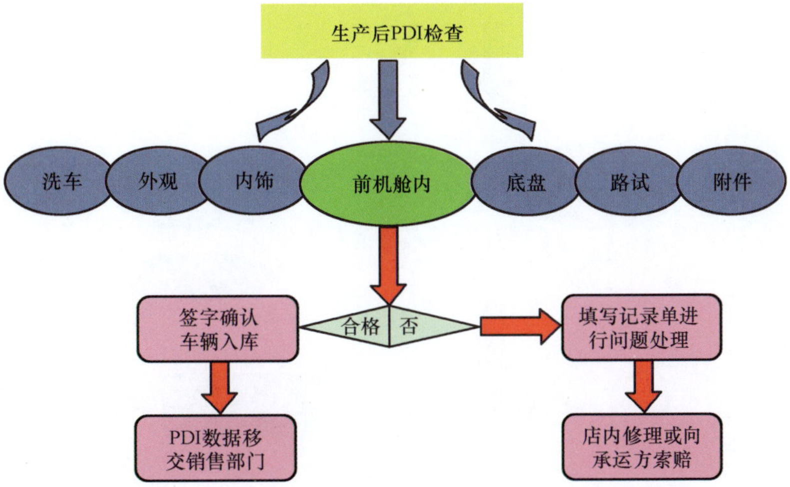

图 8-2　生产后 PDI

2. 出库 PDI 检查

　　商品车交付物流公司发运前进行的质量状态检查，包括快、慢充电以及动态路试 10km 的所有项目检查。具体检查项目和流程如图 8-3 所示。

3. 接车 PDI 检查

　　商品车从生产厂到达经销商处经历了上千公里的运输路途和长时间的停放，物流

笔 记

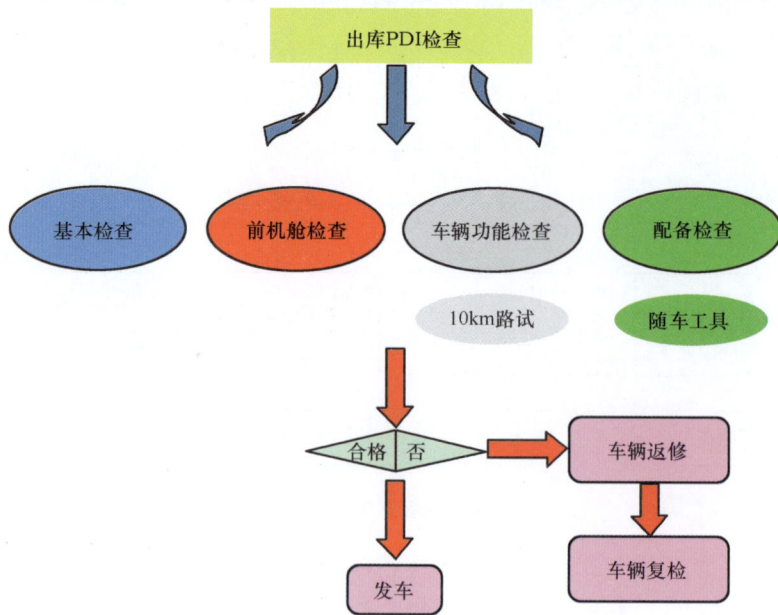

图 8-3 出库 PDI 检查

运输过程中可能引发车身剐蹭、油漆划伤等。在到达 4S 店时，4S 店（经销商）要对车进行验收检查，如车辆外观和功能项、轮胎轮辋标识、内饰以及随车附件资料等。具体检查项目和流程如图 8-4 所示。

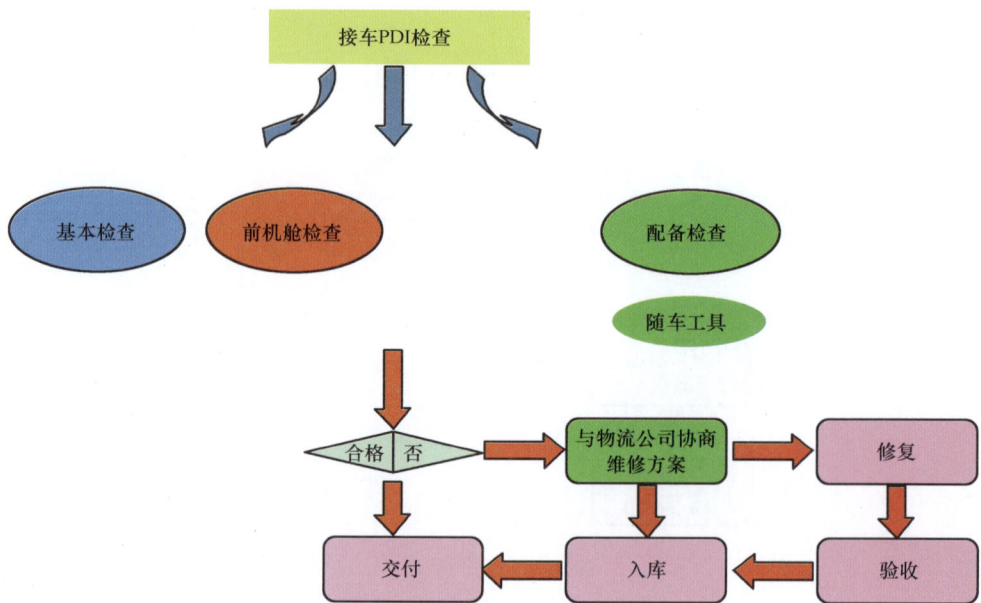

图 8-4 接车 PDI 检查

4. 销售 PDI 检查

商品车交付最终客户时要进行的车辆质量状态检查。具体检查项目和流程如图 8-5 所示。

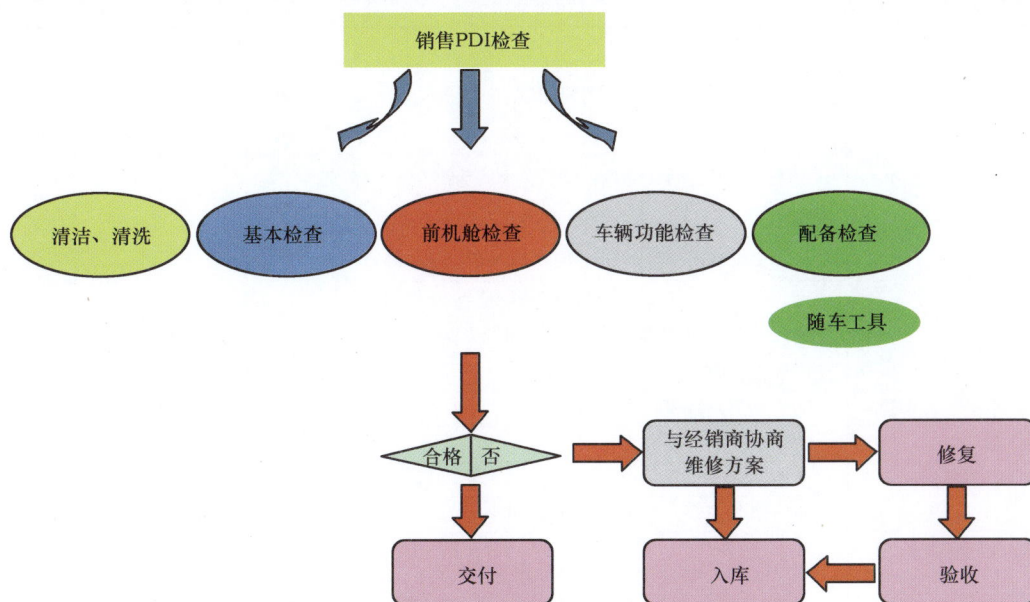

图 8-5 销售 PDI 检查

四、PDI 检查内容表

四级 PDI 检查的具体内容（以北汽新能源公司 PDI 检查项目为例）见表 8-1。

表 8-1 四级 PDI 检查的具体内容

检查项目	检查内容	OK 线 PDI 检查	出库 PDI 检查	接车 PDI 检查	销售 PDI 检查
A 基本检查					
1）外观检查	全车漆面、前后风窗玻璃、左右车窗、前后车灯表面无磕碰、划伤；车顶装饰条粘贴良好无损坏；车门、前机舱盖、灯具安装各部缝隙均匀，过渡无明显阶差	√	√	√	√
2）轮胎	轮胎表面无割伤，胎压正常；轮辋及螺栓无划伤、生锈；翼子板内衬齐全	√	√	√	√
3）内饰检查	门内侧、门框、转向盘、仪表台、档位、中央扶手箱、座椅、脚垫、车顶内饰安装可靠，无划伤、无脏污，车内无杂物	√	√	√	√
B 前机舱内检查					
1）整体目视检查	前机舱中的部件有无渗漏及损伤	√	√	√	√
2）冷却液液位	液位应在 MAX 和 MIN 范围内	√	√	√	√
3）制动液	储液罐及软管有无漏液或损伤，液位应在 MAX 和 MIN 范围内	√	√	√	√
4）玻璃水水位	液位应在 MAX 和 MIN 范围内	√	√	√	√
5）蓄电池	状态、电压，蓄电池接线螺栓是否紧固	√	√	√	√

笔记

（续）

笔记

检查项目	检查内容	OK线PDI检查	出库PDI检查	接车PDI检查	销售PDI检查
6）线束/配管	不干涉，不松动（注意：橘黄色电线为高压线，请勿触动），各线束插头连接有效锁止；高压线束无死弯，护套无破损；紧固DC/DC负极与车身搭铁螺钉	√	√	√	√
C 车辆功能检查					
1）遥控器及钥匙	遥控器及机械钥匙可以有效锁闭及开启五门；锁闭后后视镜收起，闪烁灯闪烁	√	√		√
2）车门及行李箱	四个车门及行李箱开启和关闭正常	√	√		√
3）车门窗	四个车窗的玻璃升降正常	√	√		√
4）中控门锁	使用正常	√	√		√
5）主、副驾驶人座椅	座椅调节正常，安全带拉伸及锁闭正常	√	√		√
6）仪表盘各项指示灯	通电后各项检测指示灯数秒后正常熄灭	√	√		√
7）导航仪及收音机	使用正常	√	√		√
8）转向盘	上下调节正常，喇叭正常，媒体调节按钮使用正常，转向盘安装正常	√	√		√
9）照明灯光和指示灯光	远光灯、近光灯、雾灯、行李箱灯、光束调节系统使用正常	√	√		√
	转向灯、警告灯、制动灯、倒车灯、牌照灯、示廓灯使用正常	√	√		√
10）刮水器	喷水器正常，前后刮水器刮水正常	√	√		√
11）空调	制冷和制热正常，风量调节正常，各出风口正常	√	√		√
12）后视镜（高配）	两侧及车内后视镜是否正常调节	√	√		√
13）天窗（高配）、车内灯	天窗开关正常，车内灯使用正常	√	√		√
14）遮阳板及化妆镜	使用正常	√	√		√
15）机舱盖、充电口盖	开启、闭合正常	√	√		√
16）倒车雷达/影像	使用正常	√	√		√
17）换档机构及驻车制动器	操作功能正常	√	√		√
18）数据采集终端	平台是否可以监控	√	√		√
19）充电功能	快、慢充电功能正常	√	√		√
20）10km路试	转向、制动、能量回收功能、驻坡能力（20%坡度）、制动真空泵起动正常，行驶有无跑偏、摆振，直线行驶转向盘是否对正	√	√		
D 配备检查					
1）铭牌及随车资料	铭牌有粘贴；随车资料（导航手册）齐全，资料信息与车辆一致	√	√	√	√
2）随车工具	（备胎、工具三件套、千斤顶）随车工具齐全		√	√	√
E 其他检查					
出租车	计价器及计价器遥控面板、顶灯及顶灯钥匙、空车牌、驾驶人信息栏、禁止吸烟贴、座套（两套）	√	√	√	√

注意事项

　　PDI 中的外观检查是关键的环节，交出车辆外观印象直接影响公司及产品的形象，因此需注意以下几点：

　　1）按检查表逐项认真确认检查。

　　2）将胎压放至标准胎压。

　　3）如有异常应立即整修 OK 线。

　　4）将车辆内外清洁干净，同时在车内喷上空气清新剂。

学习任务 2　电动汽车进行维护作业项目

【学习目标】

1. 了解车辆定期维护前需要做的准备工作。
2. 熟悉电动汽车定期维护项目。
3. 掌握车辆长期停放注意事项。

【任务描述】

李先生三个月前购买了一辆北汽新能源 EV200，你作为售后服务人员，需要致电给李先生让他回店进行首次车辆维护作业。售后服务人员你应该如何与李先生沟通？如果只是车辆维护作业，都包含哪些内容？

【知识准备】

一部汽车是由诸多零件组成的。随着使用时间的增加，零件会由于磨损、老化、腐蚀等因素，会逐渐降低其性能。因此，汽车生产厂规定了一定的维护和检查周期，针对可以预判到的、随着时间或使用会产生变化的零件进行更换与调整，这就是定期维护。

一、车辆定期维护前准备

为确保车辆的最佳性能，保证车辆的安全性，实现较佳的经济性与较长的使用寿命，在对车辆进行定期维护时，需要规范、细致、全面地进行操作。因此定期维护前的一些准备工作是十分必要的，包含以下内容：

1）人员准备。
2）场地准备。
3）工具、材料准备。
4）车辆准备。

二、电动汽车定期维护项目

为了保障车辆的使用性能达到最佳状态，汽车生产企业会根据车辆运行材料、装配工艺和预计使用周期进行维护项目的划分。由于电动汽车消耗磨损比较小，基本上10 000km 或 1 年维护一次。从类型上分为更换项目、检查项目，车辆的定期维护项目见表 8-2。

笔记

表 8-2　车辆的定期维护项目

维护栏目	定期维护项目	半年/1 万 km	1 年/2 万 km	2 年/4 万 km	冬季	夏季
制动系统	检查驻车制动器	●	●	●		
	目测制动液是否泄漏，制动装置是否损坏	●	●	●		
	检查制动真空泵、控制器功能及管路接头（不漏气）	●	●	●		
	检查前、后制动摩擦衬块厚度及制动盘（根据使用情况更换）	●	●	●		
	更换制动液			▲		
空调系统	空调冷风功能					●
	暖风功能				●	
	检查空调系统冷凝水排水口		●	●		
	更换空调滤芯					
转向系统	检查转向横拉杆间隙及防尘套	●	●	●		
	检查转向助力功能	●	●	●		
充电系统	AC/DC 功能	●	●	●		
	充电总成（有无裂纹、破损）	●	●	●		
	充电口盖开关状态	●	●	●		
	DC/DC 功能	●	●	●		
底盘部分	目测等速万向节防护套有无泄露或损坏	●	●	●		
	目测车身底部防护层、驱动电机是否有磕碰、损坏	●	●	●		
	检查底盘高压线缆保护套有无进水、老化、破损	●	●	●		
	底盘螺钉：按规定转矩检查拧紧	T	T	T		
	前后悬架：检查四轮减振器及减振弹簧外观和紧固螺栓及螺母	T	T	T		
	轮胎/轮毂（包括备胎）：检查轮胎磨损情况，校正轮胎气压，必要时进行轮胎换位	●	●	●		
	按规定力矩紧固车轮固定螺栓	T	T	T		
	更换减速器/变速器润滑油		▲	▲		

（续）

维护栏目	定期维护项目	半年/1万km	1年/2万km	2年/4万km	冬季	夏季
车身部分	检查仪表显示及车身内外照明	●	●	●		
	检查用电设备功能（包括点烟器、电动摇窗机、电动后视镜）	●	●	●		
	维护周期显示器复位	●	●	●		
	安全带、安全气囊功能检测	●	●	●		
	ECU检测：专用诊断设备读取各系统控制器内的故障存储信息	●	●	●		
	检查刮水器及清洗装置	●	●	●		
	检查电动天窗功能，清洁轨道	●	●	●		
	检查蓄电池固定情况，测量蓄电池电压	●	●	●		
动力电池系统	数据采集分析	●	●	●		
	充电测试	●	●	●		
	故障报警界面检查	●	●	●		
	管理系统绝缘监控故障检查	●	●	●		
	动力电池标识牌检查	●	●	●		
	动力电池外箱检查、除尘	●	●	●		
	检查插接件及紧固件情况	●	●	●		
	固定螺栓力矩检测	T	T	T		
	检查动力电池加热功能				●	
冷却系统	检查冷却液液面	●	●	●		
	更换冷却液			▲		
	检查冷却系统是否泄漏	●	●	●		
	检查水泵功能		●	●		●
	散热器的清洁		●	●	●	
	检查冷却液冰点					
其他	驱动电机、电机控制器的外观清洁		●	●		
	绝缘电阻监测系统测试	●	●	●		
	检查前机舱线束（高、低压）接插件情况，线束根部无过热、变形、松脱及零部件是否泄露或损坏	●	●	●		
	检测低压放电电流	●	●	●		
	检查车门铰链及车门限位器、门锁、行李箱盖铰链和锁扣	●	●	●		
	检查风窗清洗液冰点	●	●	●		
	检查风窗清洗液液面高度，必要时添加清洗液	●	●	●		
	试车：检查制动踏板、驻车制动、减速器/变速器、转向等功能及动力性能、平顺性能、噪声等	●	●	●		

注：1. ●：检查、必要时调整或清理。

2. ▲：更换。

3. T：拧紧至规定力矩。

（续）

三、电动汽车长期停放注意事项

1. 低压蓄电池维护注意事项

1）当车辆需停放较长时间（7 天以上）时，需要断开低压蓄电池负极桩头。

2）停放超过 7 天以上的车辆，需每周进行一次车辆上高压（上高压四小时左右，此时 READY 绿灯点亮），通过车上动力电池给低压蓄电池充电。

2. 动力电池维护注意事项

1）当车辆停放 7 天以上时，应保证车辆的剩余电量大于 50%。

2）车辆停放超过三个月应该做一次充放循环（将车辆行驶放电至剩余电量 30% 以下，使用慢充将动力电池充电至 100% 后，再将车辆行驶放电至 50%～80% 后继续停放。

3）当车辆停放时，动力电池也将发生一定的放电，当电量低于 30% 时，需要及时补充电，防止动力电池过度放电，对动力电池性能产生影响。

3. 其他方面

1）露天停放超过一个月应该将车辆调换方向，避免车辆因阳光暴晒而产生褪色。

2）检测轮胎气压，必要时补充，防止轮胎变形损坏。

学习任务3　举升机不同位置的维护作业项目

【学习目标】

1. 掌握举升机在低位的维护项目。
2. 掌握举升机在中位的维护项目。
3. 掌握举升机在高位的维护项目。

【任务描述】

某北汽新能源4S店为了汽车定期维护的工作效率，售后经理准备对汽车定期维护项目进行流程优化，根据举升机不同位置制订相应维护项目，避免反复举升车辆，提高工作效率。现在售后经理把这个制订维护流程的任务交给你。你能合理、有效地利用车辆不同的举升位置，对车辆定期维护项目进行梳理吗？

【知识准备】

电动汽车检查与维护时为了节省时间，同时更方便地将维护项目做完、做全，可以制订举升机不同位置的维护项目，在相应的举升位置做对应的维护。

一、举升机在低位的维护项目

在举升机低位（即车辆没有被举升）时，可以进行车辆的准备工作、环车检查、前机舱检查、内饰功能、车辆功能、轮胎、转向系统、车辆数据的读取等检查。内容涉及面比较广泛，项目较多。在进行检查项目时，一定要分区域、分系统、分顺序进行逐一排查。新能源汽车（低）位置维护单见表8-3。

表8-3　新能源汽车（低）位置维护单

新能源汽车（低）位置维护单					A 级维护
					B 级维护
客户	VIN	车牌号	维护里程	车型	入厂日期

系统类别	检查内容	检查并处理		系统类别	检查内容	检查并处理	
		良好	待修			良好	待修
动力电池系统	安全防护			转向系统	转向盘和转向管柱连接紧固状态		
	数据采集				转向助力功能		
电气电控系统	机舱及各部件低压线束防护与固定			车身系统	风窗及刮水器		
	机舱及各部件				顶窗		
	插接件状态				座椅及滑道		
	蓄电池				门锁及铰链		
	灯光、信号				机舱铰链及锁扣		
	充电口及高压线				行李箱铰链及锁扣		
	高压绝缘检测系统			冷却系统	冷却液液位及冰点		
	故障诊断系统报警检测				冷却管路		
制动系统	制动装置				散热器		
	制动液			空调系统	空调冷暖风功能		
					空调滤芯		

维修人员：　　　　质检员：　　　　　　服务顾问：

客户签字：

注：检查内容里的阴影部分不在 B 级保养的范围内。

二、举升机在中位的维护项目

车辆在举升至中间位置时，可以进行检查制动系统和传动及悬架系统的部分功能检查项目。新能源汽车（中）位置维护维修单见表8-4。

表8-4　新能源汽车（中）位置维护维修单

新能源汽车（中）位置维护维修单					A 级维护
					B 级维护
客户	VIN	车牌号	维护里程	车型	入厂日期

系统类别	检查内容	检查并处理		系统类别	检查内容	检查并处理	
		良好	待修			良好	待修
制动系统	驻车制动器			传动及悬架系统			
	前后制动摩擦衬块				轮胎		
					前后减振器		

维修人员：　　　　质检员：　　　　　　服务顾问：

客户签字：

注：检查内容里的阴影部分不在 B 级维护的范围内。

三、举升机在高位的维护项目

当车辆在举升至最高位置时，可以进行检查动力电池系统、驱动电机、驱动电机控制器、制动系统、转向系统、传动及悬架系统、冷却系统、空调系统、底盘的部分功能检查项目，新能源汽车（高）位置维护维修单见表8-5。

表8-5 新能源汽车（高）位置维护维修单

新能源汽车（高）位置维护维修单					A 级维护	
					B 级维护	
客户	VIN	车牌号	维护里程	车型	入厂日期	

系统类别	检查内容	检查并处理		系统类别	检查内容	检查并处理	
		良好	待修			良好	待修
动力电池系统	安全防护			转向系统	转向盘和转向管柱连接紧固状态		
	绝缘检查				检查转向横拉杆间隙防尘套		
	插接件状态			传动及悬架系统	变速器（减速器）		
	标识检查				传送轴		
	螺栓紧固力矩				副车架及各悬架连接情况		
	动力电池加热功能			冷却系统	冷却管路		
	外部检查				水泵		
电机系统	安全防护				散热器		
	绝缘检查			空调系统	压缩机及控制器		
	电机及控制器冷却检查				空调管路及连接固定		
	外部检查				空调系统冷凝水排水口		
电气电控系统	机舱及底盘高压线束防护及固定			制动系统	制动真空泵、控制器		

维修人员： 质检员： 服务顾问：

客户签字：

注：检查内容里的阴影部分不在B级维护的范围内。

参 考 文 献

［1］王文伟，张丽莉. 电动汽车跑起来［M］. 北京：机械工业出版社，2015.

［2］邢超，张仕寅，冯玉芹. 汽车维护［M］. 北京：外语教学与研究出版社，2011.

［3］吴继宗. 汽车维护［M］. 北京：人民邮电出版社，2013.

［4］Wilfried Staudt. 汽车机电技术（一）［M］. 华晨宝马汽车有限公司，译. 北京：机械工业出版社，2008.